晚清澳门葡籍华商
商事纠纷之研究

周 迪◎著

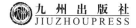
九州出版社
JIUZHOUPRESS

图书在版编目（CIP）数据

晚清澳门葡籍华商商事纠纷之研究／周迪著．
北京：九州出版社，2024.8. -- ISBN 978-7-5225
-3233-2

Ⅰ. D925. 118. 4
中国国家版本馆 CIP 数据核字第 2024ZM6947 号

晚清澳门葡籍华商商事纠纷之研究

作　者	周　迪　著
责任编辑	赵恒丹
出版发行	九州出版社
地　　址	北京市西城区阜外大街甲 35 号（100037）
发行电话	（010）68992190/3/5/6
网　　址	www.jiuzhoupress.com
印　　刷	唐山才智印刷有限公司
开　　本	710 毫米×1000 毫米　16 开
印　　张	14. 5
字　　数	185 千字
版　　次	2025 年 4 月第 1 版
印　　次	2025 年 4 月第 1 次印刷
书　　号	ISBN 978-7-5225-3233-2
定　　价	89. 00 元

目　录
CONTENTS

绪　论

第一节　选题依据

本书旨在研究晚清澳门葡籍华商商事纠纷问题。在浩如烟海的"澳门学"文献中，大多数成果探讨的内容多集中于近代澳门历史所涉及的中葡关系或中外文化交流，抑或是有关近代澳门的政治、法律等议题，较少触及近代澳门的经济社会变迁及其主体的价值作用，而以近代澳门葡籍华商商事纠纷为主线的专题研究则更是少见。

目前，从澳门华人华商的视角出发做深度研究的学术成果主要是林广志的《澳门之魂：晚清澳门华商与华人社会研究》，该书系统全面地解读了晚清澳门历史中有关华商群体的若干重大问题。其基本内容为：华人及其商业的基本状况，华商所从事的行业及其分类；在澳门的近代化历程中，华人华商对于澳门经济的贡献及其所发挥的作用；华商家族的兴衰对于澳门整个商业格局的影响；澳葡政府的政策导向与华商快速崛起的原因。该著作虽然对澳门华人，尤其是其中的商人群体进行了前所未有的细致刻画，但对加入葡籍的华商群体却没有深入探究。事实上，近代以来，入籍葡萄牙的澳门华人不在少数，个中缘由各不相同，但相较于内地民人，他们明显具有"国籍"上的优势。而在晚清澳门华人入葡籍的研究方面，目前所见成果主要为陈文源的《晚清时期澳门华人加入葡籍的现象及原因分析》，此文对澳门华人入葡籍的一些原由做了探析。

1840年，英国人以林则徐"虎门销烟"为借口，公然对华挑起第一次鸦片战争。战败的清政府就此开启与西方诸国签订各种不平等条约的模式，因而更加无暇顾及千里之外的澳门。自澳门总督亚马喇（Joao Ferreira do Amaral）推行殖民政策起①，到中葡签订《中葡和好通商条约》之前，澳门的实际治权已渐次落入澳葡政府手中，想要对居澳华人进行更好的管治，以国籍来做文章，恐怕是最好或者最正当的理由。由于香港岛被割让后成为新崛起的贸易港埠，此时的澳门风光不再，居澳华人在随之而来的社会转型中慢慢把握了"濠镜澳"的经济主动脉②。这里面，华商的崛起起了中流砥柱的作用。于是，他们中的一些人开始选择加入葡国国籍，然后往返于内地与澳门之间进行营商生意。不过，但凡从事商业活动，遭遇商事纠纷甚至卷入商事诉讼都是常有之事，葡籍华商概莫能外。与此同时，随着西方列强驻华领事馆的相继设立，外国领事们有了保护本国籍民的"合法"权利，葡萄牙也顺势在广州建立了总领事馆。该馆的成立为在华葡籍人士提供了相关保障，其中对于葡籍人士所涉各种纠纷的参与及处理成为其领事工作的重要一环。然而，表面上看似为"钱债细故"而起的商事纠纷，实则暗藏深机，这个深机正是本书研究的对象。

在《葡萄牙外交部藏葡国驻广州总领事馆档案》（简称《葡领档案》，本书中常以简称形式出现）系列史料里，我们能够轻易发现有关

---

① 何志辉. 澳门法制史新编 [M]. 北京：社会科学文献出版社，2019：89-123.

② 林广志. 澳门之魂：晚清澳门华商与华人社会研究 [M]. 广州：广东人民出版社，2017：484.

澳门葡籍华商在内地与内地商贾之间所发生的各种商事纠纷。本书就以这些商事纠纷为切入点，去探寻其背后隐藏着的诸如中葡法文化碰撞带来的国民诉讼心态的转变、中葡"治外法权"之辨中中方官员维护国家司法主权意识的强化以及被推动出台的《大清国籍条例》等问题。

鉴于当前有关澳门葡籍华商的研究，特别是以葡萄牙外交部藏葡国驻广州总领事馆档案中的纠纷案例来做研究的成果并不多，所以本书用一孔之见，望引起各路学者对该课题的关注，他日可以做出更深层次的研究，使澳门葡籍华商所涉商事纠纷得到更加客观的评断。

第二节　文献综述

著者通过对有关文献材料整理后发现，与本研究主题直接契合的专著成果迄今没有，而与关键字"晚清""澳门葡籍华商""商事纠纷""国籍"等存在密切关系的若干研究成果，著者做了大致分类。

一、与晚清华洋商事纠纷管辖权相关的文献概览

（一）国内研究

1915 年，姚之鹤在总结以往案例汇编的基础上，编成《华洋诉讼例案汇编》，该书收录的华洋纠纷与诉讼案件主要发生在道光二十二年（1842）至民国初期，其内容是围绕具体案例来对华洋纠纷与诉讼进行法理分析。

20 世纪 20 年代，基于国内舆情要求摒弃西人在华治外法权声浪的增加，学界中一大批针对治外法权探讨的著作不断涌现，让人们对华洋纠纷与诉讼研究有了新认识。其中，颇具影响力的代表者及其著作有：周鲠生《领事裁判权》、吴颂皋《治外法权》等。概括来看，上述著作

虽涉及华洋纠纷与诉讼，但它们都以中外刑事混合案件为分析对象，对于民商事纠纷的研究力度不足。

中华人民共和国成立后，随着大批关涉清政府判牍档案和民间纠纷与诉讼文书等史料的公布，部分社会史学家及法史学家开始对其进行深入研究，取得了喜人成绩。梁治平在《清代习惯法：社会与国家》中理清了清代习惯法产生的渊源、背景及其流变过程，并从中西法文化视角对部分华洋案件与治外法权的关系进行了阐述。何勤华在对《华洋诉讼判决录》的资料汇编整理过程中，以中国司法的法律渊源与实际运作情形为突破口，指出了清末民初时期绝大多数华洋互控商事案件的审理相对公平的事实。此观点纠偏了学界之前一概而论的关于治外法权牢牢掌握在外国人手中的认知。唐伟华在《清前期广州涉外司法问题研究（1644—1840）》一书中，重点以广州十三行的商事纠纷为例，展现了"十三行"独特的运作模式及其与洋行之间的商事纠葛，但该书并未深入探讨有关治外法权的问题，存有局限性。蔡晓荣则在他的《晚清华洋商事纠纷研究》里阐释了晚清时期发生的华洋商事纠纷引起中国商事法规范近代化嬗变问题，并指出当时中国政府丧失"治外法权"最多的情形是"华原洋被"形式。

（二）国外研究

基顿（G. W. Keeton）在《治外法权在华之发展》中指出："在鸦片战争以前，由于西方人的极力反抗，清朝基本放弃了对外管辖权，造成这一局面的责任应归咎于清朝司法制度的野蛮和腐败。"威罗贝（Westel W. Willoughby）在《外人在华特权和利益》中却持有不同意见，他认为，鸦片战争以前"虽然中国不能在所有的案件中行使它以领土主权者资格所具有的全部权力，但它并未放弃这权利，而且相反地坚持这些权利，对有些案件坚持得极为强硬"。美国学者爱德华（R. Randle Edward）的《清朝对外国人的司法管辖》认为，清前期中外因管辖权之争所引发的冲突，"不在于清朝的政策有什么变化"，而是来自双方价值观念的反差，"因为英国觉得，这种法律和诉讼程序过于严酷，缺乏对于个人自由和权利的足够保障"，此种看法是站在西方批评清王朝司法制度之立场提出的。爱本德（H. Abend）在《条约口岸》中又以晚清各条约口岸的社会发展状况为视角，描述了"治外法权"对于这些通商口岸的相关影响。

二、与澳门华商相关的文献概览

学界关于澳门华商的研究，主要包括以下方面：

其一，华商的经济贡献方面。例如：杨仁飞《澳门近代化历程》一书指出，近代澳门经济的兴衰和粤澳关系乃至中葡关系的发展都与澳门华商密不可分。查灿长《转型、变项与传播：澳门早期现代化研究（鸦片战争至 1945 年）》一书认为，鸦片战争以来，澳门社会的主体结构发生了重大变化，华人逐步掌握了澳门社会的经济命脉，其社会地位以及风俗习惯越来越受到澳葡当局的重视。林广志在《澳门之魂：晚清澳门华商与华人社会研究》中提到，晚清澳门的经济就是华人经济，华商对澳门在政治、社会、经济等多个领域起到了推动作用，他们成为推动晚清时期澳门转型为近代化甚至现代化的关键角色。他继续在《澳门华商与孙中山的行医及革命活动》一文中指出，孙中山早年在澳门的活动，包括进入镜湖医院、开办药局、推广西医乃至开展革命活动，均与澳门华商有密切关系。此外，黄雁鸿的《清末民初澳门华商对经济及社会的影响》认为，19 世纪末 20 世纪初，澳门的经济命脉大体由华商掌控。

其二，澳门社会及其与中葡关系方面。例如：陈伟明在专著《明清澳门与内地移民》中进一步阐明了明清时期，尤其是在晚清时候，内地民人移居澳门的有关情况以及他们与内地政府和澳葡政府的关系。

同时他的《明清澳门内地移民的商贸经营》一文认为，晚清时期澳门的商业活动在很大程度上依赖于内地商人，特别是在香港崛起之后，澳门外国商人逐渐退出历史舞台，内地商人能够利用他们与内地政府的优势来改善澳门的经济结构。杨仁飞在《走私与反走私：从档案看明清时期澳门对外贸易的中国商人》中从澳门华商如何规避清政府严厉打击鸦片贸易的视角反映了广东地方官员对华商所采取的限制手段及其与内地政府的微妙关系。陈文源在《明清时期澳门人口、族群与阶层分析》中从澳门的人口结构出发，指出了移居澳门的内地民人在心态上所发生的变化。

其三，澳门华商的个案及其家族方面。例如：林广志在《澳门华人巨商卢九与广东小闱姓饷项纠葛》中以晚清时期的澳门华商卢九为研究对象，分析了著名葡籍华商卢华绍与广东政府因闱姓纠纷而引起的中葡交涉问题。另外，他在《卢九家族研究》中对以卢九家族为代表的澳门本土华商为近代澳门的社会稳定、经济繁荣以及改善华商营商环境、缓和中葡关系、救济贫困、传播儒家文化等方面所做出的重要贡献进行了详细解读，认为卢九是影响澳门近代历史进程的重要华人巨贾之一。汤开建在《晚清澳门华人巨商何连旺家族事迹考述》里对何连旺家族进行了分析，指出何连旺家族是近代澳门最具影响的巨商家族之一，其对澳门社会发展起到了一定的推动作用。

其四，澳门华人华商入葡籍方面。从晚清澳门华人华商入籍葡国的有关情况及其对自身身份认同的视角进行研究的学术成果有：陈文源《晚清澳门华人加入葡籍的现象及原因分析》指出，澳门华人华商加入葡籍是因为政治利益与经济利益的考量。而他的《近代居澳华人的国民身份选择与文化认同》认为，事实上大多数葡籍华人并没有从文化心理上做一名真正的葡萄牙人，他们热衷于内地事务，维护皇权，谋求清朝官爵，关注内地社会发展，坚守儒家传统，处处彰显其不变的

"中华情怀"。林广志《冲突与交融：清代澳门华商的文化坚守与风俗涵化》一文认为，当时的华商虽然加入了葡籍，但他们依然秉持着中华文化中特有的价值观念。

三、与近代中国国籍立法及其相关的文献概览

学界关于近代中国国籍法立法问题（含涉侨问题）的研究，主要包括：

20世纪30年代，薛典曾在其《保护侨民论》中从政府如何保护本国侨民的立场出发，认为在《大清国籍条例》出台之前，清政府保护海外侨民底气不足的原因是其对法理的不够重视。20世纪70年代以后，李浩培的《国籍问题的比较研究》强调了国籍立法对于各国的重要性，因为它是各国用来在人口问题方面与其他国家进行对抗的一个工具，而近代之后的清政府往往疏忽于此。

1980年代至今，相关著作不胜枚举。其中，以李双元、蒋新苗两位先生为代表的《现代国籍法》更是在中华人民共和国成立后论述关涉国籍立法及国籍法发展较为全面的一部作品，但其对于国籍立法的溯源情况介绍得较少。刘华则在《华侨国籍问题与中国国籍立法》一书里对我国华侨所涉国籍问题的多个方面，尤其是在中国国籍法的源流方面做了详细解读。缪昌武《〈大清国籍条例〉与近代"中国"观念的重塑》一文指出了清政府颁布带有血统主义色彩的《大清国籍条例》实际上是受到当时"大民族"主义思想与清政府想要重塑"中国国家"观念的影响，而大量内地华民私改国籍，则进一步加快了该律出台的进程。乔素玲的《晚清国籍立法动因新探》认为，爪哇华侨国籍问题只是晚清国籍立法的导火索，通过立法解决拥有双重国籍的华人在管辖权方面的争议才是立法的根本动因。

四、与晚清时期中葡交涉及其《葡领档案》相关的文献概览

学界关于中葡交涉方面的研究，主要有：

叶农在《晚清中葡交涉中的土地问题——〈以葡国驻广州总领事馆档案为中心〉》中，研究了晚清中葡交涉中的土地纠纷问题，他认为葡籍华商在中葡交涉中扮演了一种特殊的角色。邵小通《清末宣统间"勘界维持会"初探——以〈葡萄牙外交部驻广州总领事馆档案〉为中心》一文对发生于宣统年间的中葡勘界问题进行了分析，他指出，中葡勘界问题事实上是由中葡交涉所引起的当时爱国人士与葡人争夺治外法权的一种重要表现形式。蒋志华《晚清中葡交涉中的国籍问题》一文又认为，部分澳门葡籍华商虽然成为所谓的"大西洋籍民"或"大西洋籍商"，但他们经常会因其身份的争议引发中葡交涉，这为中葡交涉中有关华人华商国籍问题的"出生地主义"埋下了伏笔。

综上所述，相关研究都突破了以往未曾调动其他学科领域知识来做研究的范式，在各自的领域里都起到了推动作用，但不论是国内研究还是国外研究，在晚清华洋商事纠纷尤其是澳门葡籍华商商事纠纷的研究上，还是处于相对盲点的状态。究其原因，归纳起来大致有两点可述：第一，部分研究成果依旧遵循了历史学研究的传统之路，仅仅是将史料用来做一般性的考证，理论分析不够。第二，多专注于譬如在政治、经济、法律等制度上进行探讨，缺少了对于隐藏在制度背后的社会文化等要素的重视。因此，本书在大量使用实证案例的基础上，结合了法史、法律文化及国际关系等学科的理论，就材料所反映的情况做了相对全面的分析。

第三节　本书框架及研究方法

一、本书所涉基础资料

本书所涉基础资料，主要包括以下几类：

第一类是关于澳门专档方面的档案。本书的征引主要来自"中央研究院"近代史研究所出版的《澳门专档》、中山市档案局（馆）编的《香山明清档案辑录》等档案。

第二类是案例汇编。主体汇编案例来源于晚清时期的葡籍华商所涉内地商事纠纷。其具体指的是《葡萄牙外交部藏葡国驻广州总领事馆档案（清代部分·中文）》中的相关纠纷案例。

此外还有其他资料汇编。全书在某些论证上，使用了晚清时期的相关律法与条约，如《大清国籍条例》或《中葡和好通商条约》。

二、本书所涉核心概念界定

本书所涉核心概念，主要包括以下几个：

其一，关于"澳门葡籍华商"。所谓"华商"，其初意是指旅居或定居于海外的中国籍商人。但进一步来说，在特指清代时，其应当指在不受清王朝行政统辖力束缚的区域内从事商业经营活动的大清子民。通常情况下，他们一般定居在港澳或海外，是介于国内商人与外国商人之间的一种类型。①

---

① 林广志. 澳门之魂：晚清澳门华商与华人社会研究［M］. 广州：广东人民出版社，2017：8-10.

澳门作为中国自古不可分割的固有国土，一直受到香山县管辖，葡萄牙人的踞居资格是向中国官府缴纳地租获得的，它并不像香港一样，是英国殖民者通过战争来获取的。所以，在1849年澳门总督亚马喇尚未遇刺身亡，澳葡政府还没有全面推行殖民政策以及英美等国承认澳门具有与香港类似地位之前①，所谓"澳门华商"的概念并不存在。换句话说，"澳门华商"这个概念的形成，是始于澳门的实际治权落入澳葡政府手中时。澳葡政府对居澳华商风俗习惯的重视、"澳门华商"为求得"生存之道"等原因，使华商中的一部分人选择了加入葡萄牙国籍（包含了某些内地籍民到澳门入葡籍的情况），然后再到各地营商买卖，"澳门葡籍华商"这一说法便产生了。

其二，关于"葡籍"。在对"葡籍"进行界定之前，我们有必要对国籍的概念做出一个解释。近代国家意义上的国籍是指一个人属于某一国家的国民或公民的法律资格，是一个人同某一特定国家固定的法律联系，在这种法律关系下，一方面个人对国籍国负有效忠的义务，并服从国籍国的属人优越权，另一方面当个人的合法权益在外国受到伤害时，国籍给予了国籍国为他行使外交保护的权利。② 所以，"葡籍"指的就是一个人属于葡萄牙国民或公民的法律资格，是一个人同葡萄牙固定的法律联系。基于这种法律关系，这个人要对葡国负有效忠义务，葡国则可以为其行使外交保护的权利。

其三，关于"商事纠纷"。在古代中国，"商"与"商人"的概念几近重叠，只要与商人有关的社会活动均可理解成商事行为，而把基于利益纷争所产生的商人和个体（自然人）或组织（法人）之间的矛盾称为商事纠纷。目前，学界关于商事纠纷的界定各执数见，本书将其简

① 林广志. 澳门之魂：晚清澳门华商与华人社会研究 [M]. 广州：广东人民出版社，2017：8-10.

② 黄瑶. 国际法关键字 [M]. 北京：法律出版社，2004：44.

括而言，指的是商事主体因商事行为导致的纠纷（含个别与商人有关的社会活动而形成的纠纷）。

但要注意的是，商事行为的判断需由三个方面的要素来决定。其一，主要是商事主体但民事主体亦可实施①，譬如兼具民事主体资格的商人；其二，要以营利为目的；其三，主要凸显为经营营业行为。这里对于商事主体内涵的解读，我们择取著名民商法学者谢怀栻先生的定义，他的观点与本书在商事主体资格的选材上相吻合。商事主体，"即商人，或者为在商法上独立享有商事权利与承担商事义务的人，其不仅单单指商自然人，还包括商事组织，如商法人（商家），而日常用语所指之商人仅指个体商人"②，所以商事主体既指商人，同时又涵盖了商家（厂商、公司以及含商家的商业名称——商号）。当然，关于本书商事纠纷的确切所指，其必须达成作为商人的那一部分公民之间或那一部分公民与商家（厂商、公司以及含商家的商业名称——商号）以及商家（厂商、公司以及含商家的商业名称——商号）之间由于发生商事行为所导致的纠纷这一条件（个别与商人有关的社会活动而形成的纠纷无需达成这一条件），同时还包括了商事主体在受到来自非商事主体

---

① 范健，王建文．商法基础理论专题研究［M］．北京：高等教育出版社，2005：353-355.

② 谢怀栻先生指出，随着商业指称范围的扩大，其实际上已等同于营业；而就人的方面，相应的变化是，最初的商人只限定在个体商人范畴，随后扩充到一切营业组织，如商家、合伙、公司。谢怀栻．外国民商法精要［M］．北京：法律出版社，2002：223.

牵制时产生的纠纷，譬如商主体对官府、官员的控告①。

三、本书基本框架

本书主体内容包括以下五章：

第一章研究葡萄牙驻广州总领事馆的运作及相关卷宗的形成。首先，对鸦片战争以后葡萄牙驻广州总领事馆的成立背景进行了分析，认为受到英美等国在粤建立领事馆的影响，葡国也开始着手建立领事馆，经过葡方一系列努力，葡国驻广州总领事馆终于成立。其次，对葡领馆的运作情况做了解读，发现葡领馆在领事官的带领下，其业务可谓多种多样，领事官除了要负责一系列的日常政务工作与对在华葡籍人士进行事务性的管理外，还要参与并处置这些葡籍人士所涉的各种纠纷与诉讼。再次，对《葡领档案》的形成及其相关内容进行了简单叙述。最后，则对档案中收录的葡籍华商商事纠纷的大致情况做了有关说明，指出了这些纠纷往往发生在中国内地，并与内地商人息息相关，呈现出一种"葡原华被"的两造涉案情形。

第二章研究葡籍华商商事纠纷之一般形态的商事事端。该章对档案收录较多，对最为常见的货款、借贷与产业类型的葡籍华商商事纠纷进行了形态上的考察。认为货款类纠纷，无一例外都是因为在买卖行为中，买家要么提货后不按期结算货款，要么赊账后不及时偿还而起的纷

① 之所以本书商事纠纷确切所指包括了商事主体在受到来自非商事主体牵制时产生的纠纷，是因为这类纠纷符合范金民教授口中的"特殊性与重要性"。即，"明清时期，额定的商税并不重，但是经过不断加增，关外设关，税外又税，经手官吏胥役私征勒索，商业活动者不堪重负。这在明后期和清初期国家与地方财政拮据时表现得最为突出。即使在平时，官府在任土作贡的封建征取原则指导下，对铺户行商往往采用当行应值等无偿或低酬索取的做法，剥夺和榨取商业经营者，因而引发商业经营者为抗议官府或不法吏胥巧取豪夺的控诉。"范金民等．明清商事纠纷与商业诉讼［M］．南京：南京大学出版社，2007：289.

争。借贷类纠纷通常又是因债务人借款不还所导致的事端。而在产业纠纷中，拖欠租金霸铺不搬则成为另一种引发纠葛的现象。不过，因为这几类纠纷在商业经营活动中比较容易碰到，所以发生频率较高。

第三章研究葡籍华商商事纠纷之复杂形态的商行为争执。本章对该档案中出现得相对较少，但涉案情节较重的委托、侵占、图诈及以其他类型为代表的葡籍华商商事纠纷做了形态上的考察，指出了委托类纠纷是因商铺东主或投资人委托他人经营生理再或者授权他人代办事务而遭到受托人见利忘义行为所引起的。侵占类纠纷是因为合伙人或是与利益攸关的第三人非法侵占所引发的。图诈类纠纷主要是图诈方以各种手段来骗取不属于自己的利益或是不按照商事行为往来的行业规定来兑现承诺而有损当事人利益所造成的。对于其他类型纠纷而言，大体上是缘于商主体的商行为受到其特殊客体限制后所导致的事端，即"民告官"。

第四章研究葡籍华商商事纠纷的处置。本章将葡籍华商商事纠纷的解决办法作为重点分析内容，指出了档案中纠纷解决存在的几种方式。首先，当葡籍华商会遇到纠纷时，他们会选择向葡领馆直接进行控告，以诉讼的方式来维护自己的权益，要求中方明确责任，做出赔偿。其次，中葡双方的理案交涉。葡领事为解决纠纷会向中方发函交涉，只是这使得清政府泛外交化的倾向被不断显现出来。而中国广东官员在收到葡方照会后，一般会选用"调解"来化解纠纷，调解因具有"情理法"的特性，成为一种解决纠纷的好方法。再次，商会的介入。在官府的要求下，商会开始介入纠纷，并与官府构成了有机联动整体，从而秉具"官批民调"的性质，它对于纠纷的解决起到了协助作用。最后，原被两造的"私和"。当事人的私下和解因为消耗的时间成本与精力成本都不大，所以成本低、效率高，进而在纠纷的解决过程中发挥了独到作用。

第五章研究葡籍华商商事纠纷的历史影响。一是中葡法文化在碰撞后国民诉讼心态的转型。中葡法文化碰撞产生的"厌讼"与"好讼"两种截然不同的价值倾向，在鲜明对比下刺激了内地商人诉讼心态的转变，尤其到了 20 世纪，更多人为维护自身权益敢于择用诉讼的方式来解决纠纷。二是中葡"治外法权"之辨中中方官员维护国家司法主权意识的强化。20 世纪初，葡领事为攫取中国的司法审判权而不断向中方进行交涉，但中国广东地方官员维护国家司法主权意识的提高使得其交涉往往无疾而终。一方面，在《中葡和好通商条约》可以援引时，中方官员会利用条约中有关"通商口岸"的内容来对葡籍华商所涉的商事纠纷能否构成中葡交涉事件进行认定；另一方面，当《中葡和好通商条约》无法参照时，中方官员就会采用一些略带法律性质的惯用规则来对葡籍华商的国籍进行质讯。三是被推动立法的《大清国籍条例》。在《大清国籍条例》还没有正式颁布以前，中国广东官员就已经开始使用其中的相关条款来对葡籍华商所涉商事纠纷能否成为中葡交涉事件进行认定，这说明《大清国籍条例》在形式上是由"习惯法"转变而来。换句话说，葡籍华商商事纠纷间接推动了该律法的出台。

四、本书所涉研究方法

本书运用历史学的史料分析法与案例分析法，对晚清时期发生的葡籍华商商事纠纷进行探究，以求再现该时期葡籍华商商事纠纷的概貌与解决模式；然后运用法律文化学的价值分析法、国际关系学的比较分析法等相关研究方法，对该问题进行剖析，试图多维度地揭示晚清时期葡籍华商商事纠纷对近代中国法律文化所造成的影响。最后使用文献分析法，即透过查询相关文献全面了解本研究在当下所处的进展与取得的最新成果。譬如本书第五章在有关《大清国籍条例》方面就采用了文献分析法，指出了《大清国籍条例》由习惯法转变而来。

第一章

葡萄牙驻广州总领事馆之运作及相关卷宗

鸦片战争以降，清廷政权愈见衰颓，在西方诸列强入侵的事实面前，清王朝签约割地与银钱赔偿似乎变成一种常态。在远离大清中央公权力千里以外的澳门，由于自澳门总督亚马喇开始强制性推行殖民政策起，清政府已无力去维护自己在澳门的管治权，这样，历来把澳门视为海外属地的葡萄牙人自然是会想尽一切办法将在澳华人抑或从内地到澳之华民纳入所谓名正言顺的统治之中。通过使华人国籍的更改来达到其觊觎之目的方属上策，何况是对于自近代之后，牢牢把控澳门各行各业经济命脉的华商，葡国及澳葡政府更是不会放过。

葡萄牙驻广州总领事馆的成立，使这一切变得更为重要，它不但让华商与葡方的联系愈加密不可分，还反映出当时中葡为"治外法权"而争的复杂关系。《葡萄牙外交部藏葡国驻广州总领事馆档案》对此为我们提供了相关启发。该档案现藏于葡国外交部档案馆，它由葡萄牙驻广州总领事馆负责记录成文，主要揭示了葡领馆及其领事的各项工作职能与职责。

详细来说，它涉及300多个卷宗，能够进行识别的卷宗有313个，语种有中文、葡语、英文、法语、日语等，总页数约计十万。该档案的主体文档多形成于19世纪末至20世纪中前期，其地域分布以广东、澳门为主，同时兼及内地其他地区、香港与东南亚。此外，档案内容充实，对于研究澳门历史、粤港澳关系，甚至中葡关系均有极为重要的价值。

然而，档案中有两类材料最引人注目：一类是对葡萄牙驻广州总领事馆的工作职能及领事官工作职责；另一类是关涉到葡籍华商在内地所涉的各种商事纠纷。正因为如此，本章将着重从这两个方面来展开分析，期冀初步窥视葡领馆（葡领事）、葡籍华商以及商事纠纷三者的关联度。

第一节　葡萄牙驻广州总领事馆之成立背景

领事制度起源于古希腊城邦时代的"非本国代表人制度"，发展到中世纪则演变成了商业仲裁的形式，人们称之为"商业仲裁人"或"商业领事"，"领事"一词的称谓便由此而来。到了16世纪，领事逐渐不再从居住地的外国侨商中挑选，改由母国政府委派，遂被称为"委任领事"。① 自18世纪中后期起，这一制度成了负面意义的象征，因为西方各国竞相把它看作是争夺海外市场与对外扩张的重要标志，而鸦片战争之后，各列强开始陆续将领事制度实施于中国社会。

由于1842年中英《南京条约》的签订，英国人有了保护其在华公民权益的专条。据《各国立约始末记》记载：

> 自今以后，大皇帝恩准英国人民带回所属家眷寄居沿海之广州、福州、厦门、宁波、上海等五处港口贸易通商无碍，英国君主派设领事管事等官住该五处城邑，专理商贾事宜，与各该地方官公

----

① 鲁毅，等.外交学概论［M］.北京：世界知识出版社，1997：125-126.

文往来，令英人按照下条开叙之例清楚交纳货税钞饷等费。①

据此可见，英国人攫取中国商业市场之心昭然若揭，规约中暴露的"专理商贾事宜"不外乎又将领事官的职责限定在商业贸易代表上。

随着大量的英国人涌入口岸从事商业活动，越来越多的中英民事、商事与刑事纠纷慢慢地成为摆在清廷面前的一道难题，于是两国政府不得不在《天津条约》中明文规定：

> 凡英国民人控告中国民人事件，应先赴领事官衙门投禀，领事官即当查明根由，先行劝息，使不成讼……间有不能劝息者，即由中国地方官与领事官会同审办，公平讯断。②

这里的"审办"与"讯断"两个词，尤其是后者，实际上是赋予了领事官享有司法审判的权力。正如《汉语大词典》所释："着静候覆集讯断，勿庸哓渎。"因此，出于外交考量，中国政府禁止列强国商人兼任领事一职：

> 各国领事皆系商人，本属无权管束，且自己走私作弊，事所恒有，岂惟不能服众，反使众商效尤，误事非浅，……［同时央浼］各该国欲设领事，必须各国特放一员，方准管事，不得以商人作为领事，以致有名无实。③

---

① （清）陆元鼎. 各国立约始末记：第1册［M］. 北京：国家图书馆出版社，2011：210-211.

② （清）陆元鼎. 各国立约始末记：第1册［M］. 北京：国家图书馆出版社，2011：237-238.

③ "中央研究院"近代史研究所. 中美关系史料：嘉庆、道光、咸丰朝［M］. 台北："中央研究院"近代史研究所，1968：312.

令人遗憾的是，国弱无话语（权），中方有关外国驻华领事官的人选要求并没有得到各方落实，商人兼职领事的现象一如既往。

1843 年，英美两国率先启动了驻广州领事这一工作。随后两国驻粤领事馆的成立及其事务的展开使得其获益颇丰，眼红的葡萄牙人亦跃跃欲试。

1849 年，时任澳门总督亚马喇主动照会两广总督徐广缙就葡国驻广州总领事馆建馆一事发出声音，其言："香港既不设海关，澳门关口亦当仿照裁撤，并欲在省城添设领事官，一如英夷所为。"不过，亚马喇的提议遭到了中方拒绝，徐广缙以"该国在省城并无贸易，何必设立领事，徒饰外观"① 为由回复了澳葡总督，极力反对葡人势力涉粤驻馆。同年三月，亚马喇派兵袭扰澳门海关，砍倒中国旗杆并再度向中方提出驻馆广州的意见，结果：

> 粤海关监督基溥收到兼任葡领事的英国商人约翰·颠地（John Dent）奉亚马喇之命发送的请求建馆信件之后，即由徐广缙原封不动退还给亚马喇。②

由于始终未曾寻求到中国官府的正面支持，葡人只好见机行事，在中国其他通商口岸城市设立领事馆，而领事官"几乎全部是聘请其他国家商人代理，其中大都为颠地洋行或宝顺洋行的商人"。③

就在《中葡和好通商条约》签订之前的 1885 年，葡萄牙驻上海领事官贾贵禄（J. J. Coelho de Carvalho）在未经葡国中央政府批准的前提

---

① 中山市档案局（馆），中国第一历史档案馆编．两广总督徐广缙等奏报遵旨体察办理澳门夷务等情折［M］//香山明清档案辑录．上海：上海古籍出版社，2006：793.

② 黄庆华．中葡关系史［M］．合肥：黄山书社，2006：620-621.

③ 黄庆华．中葡关系史［M］．合肥：黄山书社，2006：591.

下，意欲透过奥地利驻沪领事官夏士（Joseph Haas）与苏松太道邵友濂等人一起向清政府签订驻华领事临时章程。该章程威逼嫌疑巨大，其目的就是想利用中法、中葡之间的多重关系来诱导中国官员承认葡人殖民统治澳门的事实。夏士曰：

> 当时中法交兵，澳门系属要隘，风闻法人欲向葡国租澳门，为憩息兵船、屯积煤粮之所。葡国与中国未换和约，可以不守局外之规。万一竟将该处租给法人，则不利于中国，更恐与法人勾通，暗与中国为难，不可不防。①

同时，贾贵禄还向清廷递交了该章程的函请，李鸿章得知后，当机立断地进行了回绝，其言：

> 请旨各派大员妥商互换，方足以垂久远。若仅在上海订立领事章程，中国与各国通商数十年来未有如此办法，碍难照准。②

李鸿章的做法不无道理，因为他觉得中葡间需要的是一纸有法律效力的和约而非一个所谓的临时议章。1885 年 4 月 2 日，总理衙门函复邵友濂，并让邵友濂转达中方暂时不与葡方换约的立场（换约有助于葡国在通商口岸设立领事馆）：

---

① "中央研究院"近代史研究所．澳门专档：三［M］．台北："中央研究院"近代史研究所，1995：217.
② "中央研究院"近代史研究所．澳门专档：三［M］．台北："中央研究院"近代史研究所，1995：226.

二月十三日接奉台函，抄发大西洋议约原案一册承示，该国现请议订领事章程，暂时虚与委蛇，应告以前约议而未定，事隔十余年之久，似不争此一时，应俟法事大定，彼此从长计议。明示和好之辞，隐为羁縻之计。①

出于维护国家主权独立的考虑，清政府随后回函：

> ……立约大事必须两国钦派大臣会同商订，断非外省关道所能私议，就令预商草约，亦须事事请示上宪，禀命而行，转多周折。②

清政府通过这封回函告知了贾贵禄等人中方的态度。虽说自己的提议遭到打击，但由于关涉个人的唯利可图，贾贵禄并没有善罢甘休，他绕开澳葡总督，向葡国中央政府发函，希望葡方授予他与中国谈判的权力。在信中，贾谎称中方根本不想与葡国进行友好换约。后来，贾贵禄行径败露，葡萄牙下达命令，要求澳葡总督以强硬的姿态与中方谈判，尽快落实中葡换约一事。

1886 年，出使大臣徐承祖知会总理衙门，声言澳葡政府想要和中方磋商建馆之事：

> 葡萄牙驻中日公使兼澳门总督鲁萨来晤，云敝国与贵国系外国第一老友，至今条约未定，未免不合……今夏闻敝国驻上海领事曾

---

① "中央研究院"近代史研究所. 澳门专档：三 [M]. 台北："中央研究院"近代史研究所，1995：227.

② "中央研究院"近代史研究所. 澳门专档：三 [M]. 台北："中央研究院"近代史研究所，1995：242.

与上海道商办，亦不知如何议法，现我奉敝政府之命，与贵国商办此事。①

翌年，即光绪十三年十月十七日（1887 年 12 月 1 日），《中葡和好通商条约》正式签订。②

第二节　葡萄牙驻广州总领事馆之运作体系

葡萄牙驻广州总领事馆的成立标志着葡方将更多的利益触角延展到中国内地，其管辖范围及领事官的工作职责可谓重要一环。据《广东省志·外事志》记载，"葡国驻广州总领事馆设立于同治四年，即 1865 年"③，"主要设有总领事、领事、副领事等职位"④；服务范围集中在广东、广西地区，有时会延及福建、香港、海南等地，例如《葡领档案》第 1 册中葡籍华商陈镜川控海口瑞源号欠款案、陈镜川控福建厦门源通号陈明秋欠款案的案件发生地就分别在福建与海南。⑤ 这里有两点需要明确指出：

---

① "中央研究院"近代史研究所. 澳门专档：三 ［M］. 台北："中央研究院"近代史研究所，1995：244.

② 王铁崖. 中外旧约章汇编：第一册 ［M］. 北京：生活·读书·新知三联书店，1982：525.

③ 广东省地方史志编纂委员会. 广东省志·外事志 ［M］. 广州：广东人民出版社，2005：14.

④ 广东省立中山图书馆，澳门基金会，葡萄牙外交部档案馆，等. 葡萄牙外交部藏葡国驻广州总领事馆档案（清代部分·中文）：第十六册 ［M］. 广州：广东教育出版社，2009：11.

⑤ 广东省立中山图书馆，澳门基金会，葡萄牙外交部档案馆，等. 葡萄牙外交部藏葡国驻广州总领事馆档案（清代部分·中文）：第一册 ［M］. 广州：广东教育出版社，2009：157-188.

其一，葡萄牙驻广州总领事馆成立的准确日期。前文提到过，中葡因澳门问题而迟迟没有进行换约，加上中方一向反对葡萄牙单方面谋求设馆的主张，因而可以推测出葡国驻广州总领馆成立的时间应该是在《中葡和好通商条约》落实以后。

这里有一件能够辅证推论的事情。据中山市档案局汇编的《英国公使巴为葡人在广州踢伤华人落水淹毙事覆总理各国事务恭亲王奕䜣照会》记录：1883年，一葡人在省城广州因殴打华人，使其最终溺水丧命，英驻广州领事因无权审讯葡国人，其驻华公使巴夏礼（Harry Smith Parkes）照会清王朝总理各国事务恭亲王奕䜣，商讨能否就近与澳门葡督进行会审。①

其二，副领事替职现象。纵观整个《葡领档案》，总领事的职权最大，出现频率最高，但他们偶尔也会把一些涉案情节较轻的事情移交给副领事来责办。比如《葡领档案》第2册中"司徒华控诉亚坤盗字印一案"，负责人就是副领事白氏。②

按照《葡领档案》与其有关的资料显示，从1888年到1911年，出任过葡萄牙驻广州总领事一职的共计9人（包括他国兼代人员），但就1849年澳葡政府在澳全面推行殖民管治政策至1887年《中葡和好通商条约》签订的这段时间，因材料匮乏，相关总领事的人选，我们不得而知。

其中，由他国领事兼任葡国驻广州总领事的共计5人，分别是1888年的法国驻广州领事于雅乐（C. Imbault Huart）、1894年的英国驻

---

① 中山市档案局（馆），中国第一历史档案馆. 英国公使巴为葡人在广州踢伤华人落水淹毙事覆总理各国事务恭亲王奕䜣照会［M］//香山明清档案辑录. 上海：上海古籍出版社，2006：336.

② 广东省立中山图书馆，澳门基金会，葡萄牙外交部档案馆，等. 葡萄牙外交部藏葡国驻广州总领事馆档案（清代部分·中文）：第二册［M］. 广州：广东教育出版社，2009：57-59.

广州总领事璧利南（Byron Brenan）、1901 年的英国驻广州总领事司格达（Benjaman Charies George Scott）与萨允格（James Scott）、1906 年的英国驻广州总领事满思礼（Robbert William Mansfield），余下的 4 人则为全职领事，他们是 1890 年的辛纳堤（Demetrio Cinatti）、1895 年的贾莱斯泼（J. H. C. Crespo）、1902 的年穆礼时（J. D. da Costa de Moraes）及 1910 年的宋次生（C. A. R. d'Assumpcao）。

当然，这四位全职葡领事也就成了与中方官员接触最多的人。譬如：1890 年开始出任葡国驻广州总领事的辛纳堤，他于任期内曾出面协商湾仔港口扩建事①、接任第 95 任澳门及帝汶总督布渣函②、查处葡人肆意出入内地游猎事③；1895 年接替该职位的贾莱斯泼，他曾参与小横琴岛的中葡领土纷争案④；1902 年继任的穆礼时曾处理两广总督张人骏为天主教士马德曜带育婴堂小孩前往香港⑤、署理香山知县柴廷淦为何连旺控刘吴氏母子不还欠款案⑥、南海知县张凤喈为林剑秋向宋崇义

---

① 广东省立中山图书馆，澳门基金会，葡萄牙外交部档案馆，等．清代葡萄牙驻广州总领事馆档案：第十七册［M］．广州：广东教育出版社，2015：172-174.

② 广东省立中山图书馆，澳门基金会，葡萄牙外交部档案馆，等．清代葡萄牙驻广州总领事馆档案：第十七册［M］．广州：广东教育出版社，2015：198-200.

③ 广东省立中山图书馆，澳门基金会，葡萄牙外交部档案馆，等．清代葡萄牙驻广州总领事馆档案：第十七册［M］．广州：广东教育出版社，2015：183-189.

④ 广东省立中山图书馆，澳门基金会，葡萄牙外交部档案馆，等．葡萄牙外交部藏葡国驻广州总领事馆档案（清代部分·中文）：第十一册［M］．广州：广东教育出版社，2009：267-427.

⑤ 广东省立中山图书馆，澳门基金会，葡萄牙外交部档案馆，等．葡萄牙外交部藏葡国驻广州总领事馆档案（清代部分·中文）：第一册［M］．广州：广东教育出版社，2009：1-5.

⑥ 广东省立中山图书馆，澳门基金会，葡萄牙外交部档案馆，等．葡萄牙外交部藏葡国驻广州总领事馆档案（清代部分·中文）：第一册［M］．广州：广东教育出版社，2009：72-73.

堂等索还租房定银案①、署理两广总督袁树勋为朱裔敬被控浮支建文公祠工料银案②和肇庆知府恩为罗伯多禄控许玉田案③，等等；1910 年，宋次生代理葡国驻广州总领事职位，他曾参与解决太平轮合记轮互撞案件④、华兵于小横琴岛捕贼案件。

　　笼统来看，葡萄牙驻广州的总领事需要处置各种业务，领事们似乎往往又比较热衷于展现个人能力，这不仅与他们维护葡国的利益相关，应该还和他们的收入相挂钩，难怪葡国《葡领事署各项收费规定》及《大西洋领事署各项案费单》就另起言曰：

> 　　有头等领事署，照本单所收之各等费项，系作为国家进款；其二等领事或副领事，则照本单所收之费，可取一半，其余一半应归入国家库款。⑤
>
> 　　凡禀请声明为大西洋人，注册者每收注费一千厘士。⑥

---

① 广东省立中山图书馆，澳门基金会，葡萄牙外交部档案馆，等. 葡萄牙外交部藏葡国驻广州总领事馆档案（清代部分·中文）：第二册 [M]. 广州：广东教育出版社，2009：279-288.

② 广东省立中山图书馆，澳门基金会，葡萄牙外交部档案馆，等. 葡萄牙外交部藏葡国驻广州总领事馆档案（清代部分·中文）：第三册 [M]. 广州：广东教育出版社，2009：11-24.

③ 广东省立中山图书馆，澳门基金会，葡萄牙外交部档案馆，等. 葡萄牙外交部藏葡国驻广州总领事馆档案（清代部分·中文）：第五册 [M]. 广州：广东教育出版社，2009：14-17.

④ 广东省立中山图书馆，澳门基金会，葡萄牙外交部档案馆，等. 葡萄牙外交部藏葡国驻广州总领事馆档案（清代部分·中文）：第六册 [M]. 广州：广东教育出版社，2009：146-158.

⑤ 广东省立中山图书馆，澳门基金会，葡萄牙外交部档案馆，等. 葡萄牙外交部藏葡国驻广州总领事馆档案（清代部分·中文）：第十六册 [M]. 广州：广东教育出版社，2009：100.

⑥ 广东省立中山图书馆，澳门基金会，葡萄牙外交部档案馆，等. 葡萄牙外交部藏葡国驻广州总领事馆档案（清代部分·中文）：第十六册 [M]. 广州：广东教育出版社，2009：86.

凡询问证人口供，每次收费一千五百厘士。①

凡禀请出台告示或告白，均按每页收费一千厘士。②

而随着葡领馆馆务工作及其领事制度的不断开展与实施，葡领事涉足的活动领域便愈加广泛。具体而言，他们通常会致力于参与下述活动。

其一，保持与地方政府，特别是两广行政机关的接洽。首先，广东官员的就职与离任活动，葡领事基本上都会参加。如参与两广总督李鸿章和德寿的任职典礼③，出席广东按察使、南海与番禺知县的卸职仪式。其次，整理收存清政府或广东地方政府出台的涉外政策及法规。如对于《海关各口巡工司通告》④ 与《三水港章程》⑤ 的收集。再次，参与重大外交礼仪活动。如悼唁清光绪帝驾崩、出席溥仪登基仪式。⑥

其二，积极关注内地与关涉澳门的政治、经济及民生舆情，掌握实

① 广东省立中山图书馆，澳门基金会，葡萄牙外交部档案馆，等．葡萄牙外交部藏葡国驻广州总领事馆档案（清代部分·中文）：第十六册［M］．广州：广东教育出版社，2009：89.

② 广东省立中山图书馆，澳门基金会，葡萄牙外交部档案馆，等．葡萄牙外交部藏葡国驻广州总领事馆档案（清代部分·中文）：第十六册［M］．广州：广东教育出版社，2009：8.

③ 广东省立中山图书馆，澳门基金会，葡萄牙外交部档案馆，等．葡萄牙外交部藏葡国驻广州总领事馆档案（清代部分·中文）：第十六册［M］．广州：广东教育出版社，2009：19-31.

④ 广东省立中山图书馆，澳门基金会，葡萄牙外交部档案馆，等．葡萄牙外交部藏葡国驻广州总领事馆档案（清代部分·中文）：第六册［M］．广州：广东教育出版社，2009：188-229.

⑤ 广东省立中山图书馆，澳门基金会，葡萄牙外交部档案馆，等．葡萄牙外交部藏葡国驻广州总领事馆档案（清代部分·中文）：第六册［M］．广州：广东教育出版社，2009：159-160.

⑥ 广东省立中山图书馆，澳门基金会，葡萄牙外交部档案馆，等．葡萄牙外交部藏葡国驻广州总领事馆档案（清代部分·中文）：第四册［M］．广州：广东教育出版社，2009：331-360.

时动态。例如，收集内地主流报刊，向葡国中央政府呈报有关中国的时事政治、经济和民情讯息。《葡领档案》中有相当数量的报刊会引起葡领事的兴趣，如《国事报》《七十二行商报》等，因为这些刊物都有助于葡领事了解广东地区或内地其他城市所发生的各种大事。此外，也设法搜寻和澳门界域相关的信息。鉴于粤澳间的特殊地缘位置，每当有涉粤澳领界问题时，驻广州的葡国领事官还会注意收集《会勘澳门及其属地界务会议简明议案》之类的报导。

其三，对在华葡籍人士进行事务性的管理，并积极参与有关葡籍人士的各类纠纷及诉讼案件。近代中国国门大开，中西之间签立的多个条约让在华西人受益匪浅，行政权与司法权的享有便在其中，按照《中葡和好通商条约》的规定，葡领事享有如下权力：（1）有对来华葡籍人士进行身份登记、护照准签的义务。但凡葡籍人员来到中国，务必先行前往领事馆进行登记，取得葡国护照，以作合法手续。（2）如若葡国人员在华开设商铺、注册商号、租赁合约亦必须到领事馆申领执照。①（3）有对所属辖区范围内葡籍人员所涉纠纷的司法审判权。

对于第三项权力，《中葡和好通商条约》第四十七条款、四十八条款、五十条款以及五十一条款列出明则：第四十七条款规定在华各葡人之间的民商事与刑事纠纷案件均照葡萄牙律法管理；第四十八条款规定发生于华葡之间的民商事及刑事纠纷案件，尤其是"葡原华被"形式的案件，由领事官照会清政府地方官员，以大清律法裁断；第五十条款规定葡人欲起诉华人的，可向清朝地方政府提请，但其诉状要经葡领馆审核才得投诉；第五十一条款则规定中葡双方的各类纠纷与诉讼，领事官负有带头调解的责任，当调解未遂时，应由中葡双方官员共同会审，

---

① 广东省立中山图书馆，澳门基金会，葡萄牙外交部档案馆，等. 葡萄牙外交部藏葡国驻广州总领事馆档案（清代部分·中文）：第十二册 [M]. 广州：广东教育出版社，2009：143.

分别按各自律法裁决。

显然，葡领事的工作相当繁重，参与处置有关葡方人员在华的纠纷与诉讼案件更是其必不可少的业务环节。因为处理葡籍人士在华的相关纠纷与诉讼案件成了葡领事工作的职责所在，所以葡领事对于这些纠纷与诉讼案件都比较重视，往往表现出了一种尽力维护葡国公民权益的姿态。

例如，华人释荣昭与葡籍华人李验安的租约纠纷，就很能说明问题。此案虽为华人之间的讼断，但因李验安拿到了葡籍，葡领事便有了插手的机会。引释荣昭后来捎信给当时南海知县的禀言所称，他愿意退出纷争，原因是他被葡领事威逼恫吓，自甘忍气吞声，只能顺命而为：

> 除伊所欠租银不追收，另补搬运银三十两，用白纸一张，逼僧具结，若不遵依，批以监禁二十年，虚声恫喝，僧只得勉强书荣昭二字于上，以为脱身之计。①

可以想见，在此纠纷的处理上，尽管葡领事握有实权，但其徇私枉法偏护葡籍华人就显得有失公允。察其原因，应该还是葡领事的护己心切所致。

简言之，葡萄牙驻广州总领事馆的成立意味着葡国领事制度的实施，葡领事官除了要负责一系列日常政务工作与对在华葡籍人士进行事务性的管理外，更是要积极参与并处置这些葡籍人士所涉的各种纠纷与诉讼案件。

葡领事的这一重要工作职责为在华生活与工作的葡籍人士提供了必

---

① 广东省立中山图书馆，澳门基金会，葡萄牙外交部档案馆，等．葡萄牙外交部藏葡国驻广州总领事馆档案（清代部分·中文）：第十册［M］．广州：广东教育出版社，2009：27.

要保障，而葡国驻广州总领事馆档案则对相关纠纷案件做了材料上的
支撑。

第三节　《葡领档案》之形成及其内容

《葡萄牙外交部藏葡国驻广州总领事馆档案》，是由晚清时期葡萄
牙驻广州总领事馆负责记录与保存的历史史料。葡萄牙驻广州总领事馆
在撤离中国后，将整批档案资料悉数运回葡国，现藏于葡萄牙外交部档
案馆。该档案的中文版本是在广东省立中山图书馆、澳门基金会等出版
单位前往葡国获得葡方授权并加以整理及翻译后形成的。

《葡萄牙外交部藏葡国驻广州总领事馆档案（清代部分·中文）》
共计十六册，共有卷宗 320 个，除个别卷宗破损严重外，大多数都能够
做出识别。因此，可利用的卷宗共 313 个。该档案的语言以汉语与葡萄
牙语为主，掺杂有少量的法语或日语，总页码数约十余万。其内容主要
形成于十九世纪末至二十世纪中前期，地域分布以广东、澳门为中心，
并向内地、香港与东南亚等地延伸。

该套档案的主体内容，包括照会、函件、抄件、副本、函封、名
片、报刊、剪报、签条以及法规文本等方面。兹略陈述如下：

有关照会方面，可参见第一册署理两广总督袁树勋为颁行洋人新税
契章程事致葡总领事穆礼时照会、第二册葡代总领事宋为张冠卿控叶国
张业拖租踞铺案致广东交涉使司李清芬照会、第五册葡总领事为陈季祝
刘有庆控案致南海知县虞汝钧照会、第八册兼葡总领事满思礼为陈礼陶
典买陈少亭住屋案致署理南海知县虞汝钧照会以及第十册葡总领事穆礼
时为容良等请求开办煤矿事复南海知县裴景福照会等。

有关函件方面，可参阅该档案第十册中有关对付阻挠开矿事的函

件，等等。

有关抄件方面，可参见第二册的马福曜总教士与琼崖道员张祖良为琼州教案往来函抄件、第四册的署理香山知县徐为派差役往横琴办案事致澳门华政事务官吗仕照会抄件等内容。

有关副本方面，可参阅该档案第六册的葡代总领事宋致林世觉电文副本等内容。

有关函封方面，可参阅第十册关于某函封等内容。

有关名片方面，可以参见第二册的署南海知县郑为林剑秋向宋崇义堂等索还租屋定银案覆葡总领事函并名片等内容。

有关报刊方面，可参见该档案第十册的某报刊载各国公使对矿务新章做出反应之消息等内容；剪报可以参见第三册剪报《羊城日报》之《自治会定期开大会议传单》、第四册剪报《时敏日报》中关于海军部派兵舰防守澳门之要闻二则等内容。

有关签条方面，可以参阅该档案第十五册的诚昌米店案签条等内容。

有关法规文本方面，可参阅档案第七册中的《详定商民承领沿堤各项码头租价及车辆费银价目章程》与《详定省河堤岸筑成后商民缴价承领地段埠头章程》等内容。

当然，就档案的具体指向而言，它既涉有葡国驻广州总领事馆及其领事官的日常工作文档，又涉有中葡双方在政治、外交、经济、军事、民生等多个方面要件，比如葡方与清政府各机构的往来公函、与驻广州各国领事的交往情况、葡籍人士与葡国商号及公司所涉纠纷、领事裁判案件、中葡澳门勘界、省港大罢工、日军侵占广州等重要内容。

可以说，这些档案从未经过系统的整理与出版，它们对研究澳门历史、粤港澳关系、中葡关系乃至中国近代时期对外交往均有重大价值。

第四节　葡籍华商所涉内地商事纠纷卷宗

一、概说

第三节提到的葡籍人士与葡国商号及公司所涉纠纷就《葡领档案》来说，几乎无处不在。其中，葡籍华商所涉的各类纠纷非常引人注目，它不仅囊括了一些民事与刑事案件，还涵盖了大量商事案件，特别是以澳门葡籍华商在内地与内地商民所涉的商事纠纷最为典型。

不过，这些商事纠纷绝不是表面上所窥见的那样，描述的只是当事人因纯粹生活琐碎或是捍卫自身物质利益而起之事，而是蕴藏着国人在中葡法文化碰撞后诉讼心态的转型、中葡"治外法权"之辨中中方官员维护国家司法主权意识的强化以及被推动出台的《大清国籍条例》等内容（本书第五章将着重分析）。于是，本小节将首先对部分个案加以说明，以辅助解读《葡领档案》中有关于澳门葡籍华商所涉商事纠纷卷宗的大致情况。

《葡领档案》中现存的葡籍华商所涉内地商事纠纷就两造当事人谁为原告谁为被告的情形而言，文本已经给出了解答。多数时候，葡籍华商会以原告的姿态出现，也就是"葡原华被"① 的形式，这种形式的案件在档案中的重要地位似乎预示着"葡籍"所发挥的某种作用，毕竟当时葡萄牙人在中国享有的"治外法权"尽人皆知。基于此，这里仅简举"葡原华被"和"华原葡被"两种当事人涉案情形的纠纷进行分析。

---

① 关于"葡原华被"案件所占数量较大的情况，通过本书收录的案例就能清晰可见。

二、陈长生控泰亨号何礼彬霸铺不还案

光绪三十一年（1905）九月，大西洋籍民陈长生向葡总领事控告，称其于该年五月内用价买受甘昌远堂广州河南白鹤洲大街铺屋一间，经标贴交易清楚后，他接管了该铺，并立即函告该铺租客泰亨号东主何礼彬，要求其限期四十日内搬迁，同时将铺交还，但何礼彬逾期不交，还抗踞不搬。为此，陈长生要求葡方照会番禺县宪，勒拘何礼彬到案押迁。①

葡领官接诉后，多次与番禺方面进行函照沟通，并要求中方官员速速按葡方所提之请查办，番禺知县柴维桐也就展开了数次调查。在调查中，柴知县认为双方各执一词，于是对以前的案卷进行了翻阅。在查询后，他做出了认定，其言：

> 此铺因甘霈田与何礼彬争讼在先，陈长生于该年五月始行买受，系在争讼之后。而何礼彬与甘霈田租约未满，且案经告官后甘霈田不听候讯断即将铺转卖，即为不对。陈长生买铺时不了解该铺面的经营现状，亦有疏忽，何况陈长生既入大西洋籍，违反了不应在内地置买产业的约章，也有串谋瞒饰的可能。现在案未断结，该铺又在争讼之后始行买卖，要求何礼彬迁出也不合情理，因此需要择日再传甘霈田、何礼彬到案经质讯明确后另作判断。②

后来，柴维桐于光绪三十二年（1906）三月集讯所有涉案人等后，

---

① 广东省立中山图书馆，澳门基金会，葡萄牙外交部档案馆，等．葡萄牙外交部藏葡国驻广州总领事馆档案（清代部分·中文）：第七册［M］．广州：广东教育出版社，2009：452-453.

② 广东省立中山图书馆，澳门基金会，葡萄牙外交部档案馆，等．葡萄牙外交部藏葡国驻广州总领事馆档案（清代部分·中文）：第七册［M］．广州：广东教育出版社，2009：459-464.

要求何礼彬搬迁，并将铺屋交回给了陈长生。这一年的四月，陈长生收回该铺后，因何礼彬以前营商存放较多烂物未做清理，所以他又请求葡方知会中方，要求何礼彬自觉搬出，但何礼彬一直不曾露面。

直至光绪三十二年（1906）六月，陈长生再因"破烂粗具仍置店中，致碍不能修理出租"，于是做出了"自行点明开单，出脚资运交番禺县衙门"的决定。①

本案到此结束，原告葡籍华商陈长生获得了控案的胜诉，被告内地商人何礼彬最终进行了搬迁。案件中，葡国领事为籍民涉纠一事所表现出来的积极作为，对于案件的解决起到了不可忽视的作用。这种作用与"治外法权"息息相关，关于"治外法权"及其判定原被两造的方式，本书第四、五章会提及。而针对前述所说葡国在华享有"治外法权"的问题，此处需补充说明两点。其一，葡国自在澳门建立议事会②被中国政府认可，并开始独自处理自己的司法事务后，清政府对外国人的司法管辖权就已经出现了裂痕，只不过这种情形属于非被迫型。这一类型的"治外法权"又与唐朝的"蕃坊制度"密切相关。傅筑夫先生有言：

[蕃坊]有特殊的政治地位，如蕃人犯罪不受中国法律制裁，由蕃长按照其本国法律惩处，这颇似后世的不平等条约形成的治外法权，而成为特殊区域蕃坊，亦颇似后世帝国主义列强在中国都市内划定的租界，所不同的是主权没有丧失。③

---

① 广东省立中山图书馆，澳门基金会，葡萄牙外交部档案馆，等．葡萄牙外交部藏葡国驻广州总领事馆档案（清代部分·中文）：第七册［M］．广州：广东教育出版社，2009：486．

② 有关澳门议事会问题，可参阅澳门法政学者吴志良的《生存之道——论澳门政治制度与政治发展》、何志辉的《澳门法制史新编》等研究成果。

③ 傅筑夫．中国封建社会经济史：第四卷［M］．北京：人民出版社，1986：460．

　　另一个需要指出的地方是，1887年《中葡和好通商条约》的落实，实际上是葡国在华享有"治外法权"的法理标志。而中方官员对葡籍华商国籍的质疑也将会让我们在后续的同类问题上进行深入关注。

三、肇庆美玉店控郭冕俦欠款案

　　光绪三十二年（1906），肇庆美玉店为葡籍华商郭冕俦到店购买玉器欠交货款一事，而向葡国驻广州领事官起诉，要求郭冕俦即刻还款。据肇庆美玉店店东称，在光绪三十二年（1906）的二月初六日，郭冕俦买到石器一单，共价值银两四十五元四毫，约定十天之内买家必须交清货款。可是，到了约定时间，郭冕俦却推诿至三月十四日偿清。后来，美玉店东前去收款，郭不但不付账，反而强恃其葡籍逃挞威胁。事后，在葡方领事官的催促下，郭冕俦于该年的四月将其购货款项偿清。[①]

　　该案是一起典型的"华原葡被"商事纠纷，原告肇庆美玉店店东因葡籍华商郭冕俦取货后不按约定付款而向葡国驻广州总领事馆提起控诉，葡领事随后令郭冕俦偿还了欠款，美玉店因此讨得了公道。可见，本次葡领事的处置行为还是比较公正的，这也许与当时外国领事占据着"华原洋被"形式的司法审判权有关。另外，就整个卷宗所涉葡籍华商商事纠纷案件的发生地而言，绝大多数都发生在中国内地，广东一带尤其凸显[②]，因为它相对于极为零散地发生在港澳或东南亚地区的案件更加具有代表性。

　　此种情形的出现，想必和广东地区邻近澳门以及葡国在作为通商口岸的广州驻有总领事馆密不可分。尤其就后者来说，葡萄牙驻广州总领

---

① 广东省立中山图书馆，澳门基金会，葡萄牙外交部档案馆，等．葡萄牙外交部藏葡国驻广州总领事馆档案（清代部分·中文）：第十三册［M］．广州：广东教育出版社，2009：229-233.

② 本书研究的案例只针对葡籍华商在内地发生的商事纠纷。

事馆应该是葡国在华最为重要的行政管理机构。以下发生在广东与广西的纠纷，将会对问题进行说明。

四、朱次笙控梁得元纠纷案

光绪三十四年（1908），澳门葡籍华人朱次笙在广州西关旧宝华坊有商业铺屋一座，意欲出售，于二月初十日登报启卖，被梁得元称其欠黄沙馆租银万余两，而被中国官府查封。他为此向葡国驻广州领事控诉，希求拘押诬陷之人梁得元，并按律惩办，葡方为此提出了交涉意见。

接到案件后，广东南海知县开始着手调查。期间，梁得元向中国南海知县告称，他与人在黄沙段伙开海元、满元、浩元、汇元摊馆四间，承租与朱次笙亦，而朱则有投股，历来均按照要求缴纳租饷。岂料，一天，朱次笙要求加租数倍，梁等人要求减少租金未得到同意，于是朱次笙便派人占据铺面。梁得元等认为朱次笙踞馆开摆抬租，遂决定分文不交，朱次笙便要求梁得元一方迁出并追讨所欠租金（朱次笙忽于光绪三十二年七月底八月初间督带勇丁多人恃强盘踞开摆，至岁底抬馆租，分文不交，乞勒迁追租等情）。后来，南海知县便让葡领事传讯传朱次笙到案对质，朱次笙却多次匿不到案。

一段时间后，葡方又去信南海知县，说梁得元控告朱次笙踞铺吞租，与朱次笙无涉，而是杨秀轩串使梁得元所进行的诬告，因此南海知县张凤喈决定，于光绪三十四年（1908）年四月二十九日传杨秀轩、梁得元、朱次笙等人到案讯明。经过张的审讯，该案并没有结果，他遂将此案移交给了杨督办来继续查办。①

---

①　广东省立中山图书馆，澳门基金会，葡萄牙外交部档案馆，等．葡萄牙外交部藏葡国驻广州总领事馆档案（清代部分·中文）：第五册［M］．广州：广东教育出版社，2009：274-292.

五、陈淞瞩控范赞廷私吞金钱案

澳门华商陈淞瞩系葡国籍民，因广和号东主范赞廷私占其银财共计九百两而向葡领事控告。

据陈淞瞩称，他在光绪二十九年（1903）六月十五日以永隆店、祥兴店之名分别借钱以四百两与五百两给广西广和号东家范赞廷，岂料范赞廷心生歹念打算吞银不还，还逃回广州城西投股群乐酒楼。鉴于此，陈淞瞩要求葡领事照会南海知县，以为其追回债款。同年八月二十九日，南海知县王崧给葡领事穆礼时强调，中方会即刻催令范赞廷限期交回，陈淞瞩也需带相关证据到案讯明。中途，陈淞瞩又告知葡领官说范赞廷在群乐酒楼入股并兼职司事一事。于是，中方派差前往群乐酒店进行调查。光绪二十九年（1903）十月二十六日，就任代理南海知县的姚绍书将调查结果告知了葡领事，他说：

> 当经饬差查明催交去后，兹准移交并据群乐楼东主崔登云以伊店内司事各伴并无范赞廷其人呈请摘除前来，除□揭示外，相应照复贵总领事官查照。[①]

但陈淞瞩及葡方坚持认为范赞廷应该在群乐酒家从业，于是又让中方速去盘讯。光绪三十年（1904）三月十二日，姚绍书再为陈淞瞩控范赞廷一事去信葡领馆，将中方的二次调查情况转告给葡方。他在言语中表示，中方经过细查群乐酒店主理崔登云后，并无发现范赞廷在该酒楼有过投资或执业行迹，所以不能轻易判定查封群乐酒楼，随即做出决定：

[①] 广东省立中山图书馆，澳门基金会，葡萄牙外交部档案馆，等．葡萄牙外交部藏葡国驻广州总领事馆档案（清代部分·中文）：第十四册［M］．广州：广东教育出版社，2009：392-398.

……彼此各执一词，究竟孰实孰虚，……饬差勒令该店东崔登云交出原力合同验明有无范赞廷股份某人占股若干禀复核办。①

"陈湉瞩控范赞廷私吞金钱一案"并无最后的审判结果，但其的确是一起典型的因欠债不还而引发的商事纠纷案件。在这一起纠纷案中，葡国领事官为保护籍民，做出了快速响应，与中国广东官员展开了数次交涉。

概括来说，"朱次笙一案"发生在通商口岸广州，"陈湉瞩一案"发生在广西，两地均属清政府执政管辖的内地范围，原被两造的涉案情形亦都涉及内地商人，但葡国领事均积极参与了案件的处理，这说明了葡萄牙驻广州总领事馆在华的重要性。

换句话说，葡领馆的成立及其领事制度的开展的确在维护葡国侨民方面起到了应有的作用，作为葡籍人士的澳门葡籍华商在内地所涉的商事活动自然就会受到葡领事的关注，而一旦发生纠纷，领事们便会介入，与中方展开周旋。

既然葡领事可以参与并处理葡籍华商所涉的商事纠纷，那么也就充分表明要想获得葡方的关照，就务必要取得葡籍，因为只有取得了葡萄牙国籍，葡籍华商才能够更加安心地在内地从事商业活动，毕竟晚清时期，澳门的商业活动在很大程度上依赖于内地，尤其是从香港崛起以后，澳门外国商人逐渐退出历史舞台伊始。②

――――――――――

① 广东省立中山图书馆，澳门基金会，葡萄牙外交部档案馆，等. 葡萄牙外交部藏葡国驻广州总领事馆档案（清代部分·中文）：第十四册 [M]. 广州：广东教育出版社，2009：392-404.

② 陈伟明，吴水金，等. 明清澳门内地移民的商贸经营 [J]. 中国经济史研究，2006，(1)：36-44.

第五节 本章结论

鸦片战争之后，英美列强陆续在中国境内建立驻华领事馆与实施领事制度，葡萄牙为此也做出了相应努力。当葡萄牙驻广州总领事馆成立后，葡国的领事制度便开始在粤实施。其领事官除了需要负责一系列的日常政务工作与对在华的葡籍人士进行事务性管理之外，积极参与并处理与葡籍人士相关的各种纠纷及诉讼案件也成了领事们较为重要的工作职责。

而《葡领档案》的发掘及形成，其内容中不仅有和葡领馆及其领事官相关的文本，也有关于澳门葡籍华商所涉的商事纠纷卷宗。这些卷宗主要描述的是葡籍华商在内地与内地商人之间所发生的商事纠纷。在一般情况下，纠纷会呈现出一种以葡籍华商为原告，内地商人为被告的两造涉案情形。

第二章

葡籍华商商事纠纷：一般形态之商事事端

自五口通商以来，由于外商群涌现象出现的华洋间经济互动趋势的加强，加之市场的起伏不定以及营商环境的不良等复合因素，商人们的商业经营活动便会受到影响。因而，出现生意上的纠纷乃至诉讼是常有的事，葡籍华商到内地所进行的商业活动同样亦然。本章将对《葡领档案》中发生频率最高，也最为层出不穷的围绕着货款、借贷或是产业而起的商事纠纷展开论述，以期对它们做形态方面的考察。①

第一节　货款纠纷

一、概说

定货作为商业交易中一种较为寻常的买卖行为，其交易的特征具有显著的预期性，那就是在交易实际完成之前，买卖双方会进行一个时间上的约定，以确保这种买卖行为的顺利实现。具体来说就是指由卖家先

---

① 关于本章与下章对于纠纷所做的种类划分，大体上是依据该类纠纷在档案里所出现的次数及其性质的轻重程度来做出的判断。第三章中的其他纠纷一类还涉及个案的"唯一性"或案件的"特殊性"等原因。

行出货，买家按照约定的日期偿清货款。晚清时期，这一买卖行为也甚为流行。

按照当时的商事惯例，"华商向洋商定货，原以成单为凭，而成单只有一纸"①，成单就是揭单或定单凭据。由于定货交易存在时间差，卖家在出货后不可避免地会面临一些风险，导致货款纠纷的可能性也比较大。

另外，作为以信用为基础的赊购交易，在卖方执行其出货义务后，买方把购货的款项记在卖方账上而延期支付的行为，同样容易诱发货款纠纷。依《葡领档案》中现存的葡籍华商商事纠纷来看，这类型的货款纠纷屡见不鲜。以下择要试说明之。

二、葡籍华商王元彩控温杰卿欠款案

光绪二十九年（1903）六月二十三日葡总领事穆礼时为王元彩控温杰卿欠款案发函番禺知县吕道象，要求中方速速解决此事。依王元彩自诉，他在香港开有时和店，被河南德利钱栈东主温杰卿在广州结算两讫时欠交货款三万九千零二十一元，立有揭单为据，当他找温杰卿索取债款时，温已亡故。

于是，王乞请葡领事照会中方官员将温杰卿在河南、广州、连滩、涌口等处的各栈、各店查封，以作变抵。六月二十六日，番禺知县回文穆礼时，告知他中方先前接到德国领事馆的函请，已把温杰卿在广州所开的河南龙田德利号席栈查封（原因是温设于河南之德利草席店因购货所欠德商洋行礼和、瑞记、禅臣等各家银两甚巨），而关于涌口、连滩二地的查封权，他建议葡领事应该去找东莞县宪询问。

---

① 张家镇，等. 中国商事习惯与商事立法理由书［M］. 王志华，校. 北京：中国政法大学出版社，2003：481.

随后，葡领事函致了东莞府衙，东莞县主蒋即刻对其所管辖的涌口德栈（兹涌口乡红花林席栈，德栈转了字号）下达了封禁令，并在这一年的七月十八日将此事通报回葡方，同时还强调了连滩非东莞行政辖属地区，他要葡领事照会罗定州府来处理。对此，穆领事又发信罗定州府，为求"查禁作抵"位于连滩一处的温氏产业。八月十六日，署理罗定知州钱在复文里给葡领官做出的答复是"连滩地方系归西宁县管辖，札饬西宁县迅即遵照办理"。①

再经过罗定州钱的饬谕之后（西宁县在历史上曾隶属于罗定州管辖），西宁知县韩展开了更为细致的调查，还向葡领事做了查办情况的说明照复。韩官的查办内容大抵上有两点：其一是连滩德兴店正栈正铺马上将会贴封粘条，铺内货底什物已造清单。其二是知照德、葡两国驻广州领事核办。②

该年的十月，王元彩去函葡总领事，说他想要出价两千元承买连滩德兴店以及用一千元承买涌口德利栈，望领事能给予他方便，再行照会西宁与东莞两县宪以获批准，葡领事遂照信西宁、东莞知县。

在此期间，中德、中葡又因温杰卿所涉产业变抵问题（围绕德国洋行获赔还是王元彩获偿）展开了激辩。其中，德国领事官艾认为时和店司事王元彩不应作为温杰卿产业变抵获赔方，因王原系德利伙伴，温的变抵赔于德方毫无疑问③，葡方则要中方拿出证据，秉公对待。

---

① 广东省立中山图书馆，澳门基金会，葡萄牙外交部档案馆，等．葡萄牙外交部藏葡国驻广州总领事馆档案（清代部分·中文）：第九册［M］．广州：广东教育出版社，2009：361-362.

② 广东省立中山图书馆，澳门基金会，葡萄牙外交部档案馆，等．葡萄牙外交部藏葡国驻广州总领事馆档案（清代部分·中文）：第九册［M］．广州：广东教育出版社，2009：368-370.

③ 广东省立中山图书馆，澳门基金会，葡萄牙外交部档案馆，等．葡萄牙外交部藏葡国驻广州总领事馆档案（清代部分·中文）：第九册［M］．广州：广东教育出版社，2009：422-423.

而中方官员的意见似乎并非一致，番禺政府的态度很明确，表示已对温杰卿在广州的产业实行了变卖，计划用于德方洋行的赔偿；西宁知县却认为德方需要证明王元彩与德利的伙伴关系才能办理。

由于需要查明王元彩承当德利伙伴身份一事，本案受到拖延。两年之后，即光绪三十一年（1905）的七月，西宁知县把中方关于王元彩控温杰卿一案的最终处理意见向葡方做了通告。中方给出的定论是，此案原告王元彩出于违息（王元彩自己亦有违约行为）而自愿放弃控告，又经过信件与德国方面的往来商榷，只将处于连滩温杰卿之货件变卖后所得的银四十元五角五分送交韩领事官查收，以转给德国洋行作为补偿。所以，中方准备将此案注销，以便了讼。

到这里，"王元彩控温杰卿欠款一案"总算得到解决，病故的温杰卿，因欠债不能偿还，所以就导致了包括王元彩在内的各债家以及德葡领事官持续不断地向中方进行控追，这一行动着实让人看到了"欠债还钱，天经地义"的道理。只是，鉴于法律只能保护合法的债权，王元彩后来就放弃了自己的权利，而不再继续控告。

三、郭博士控朱澄波赊欠债项不还案

具禀人大西洋籍商郭博士于光绪三十一年（1905）七月以除奸商保血本为由，去信葡领馆，控诉朱澄波等赊款不还。据郭博士禀词说，他在南海与阳江分别经理布匹店。光绪三十年（1904），朱澄波、何子兴、何敬齐等商贾向其赊货价值银两七百七十余元，言明一月之内清交货款。可是，他们突起歹心，取货后不到一月，就把其所经营的店铺关闭，并将货物私卖得钱。

根据档案记载，可知郭曾经反复找到料理此事的阳江官府，但皆因该厅主考虑到他与何子兴父子的私情，所以不加追究。为此，郭博士恩

请葡领事饬令阳江厅主严拘追押朱澄波等人，寻得债款，以维护商业秩序。①

遗憾的是，该案未有中方后续的审判事宜，所以只能看到原告葡籍华商郭博士因被告内地商人朱澄波等人赊账不还而向葡领馆所发起的控诉。

四、关贡廷控兴隆店赊账不偿案

在广州琼花直街做糖店生意的葡籍华贾关贡廷，因本城兴隆京果糖店店东叶阿萼、陈恶财赊取小号糖银潜逃不还，而于光绪三十年（1904）向葡国驻广州领事馆提起控诉，要求葡方照会中方番禺官府，求得拘追封抵。

随后，番禺知县三次去函告知葡方，说中方正在积极开展调查与传讯工作，让葡方不要催促。后来，兴隆店偿清了欠款，番禺县宪于该年的八月初六日函告葡领事，认为应该销案了。②

五、庄启衡追讨欠款案

该案发生于光绪二十九年（1903）十一月至光绪三十一年（1905）三月间。据大西洋籍商庄启衡称，他在汕头开设庄义和店生理，被揭阳县、普宁县、澄海县境内多家店面拖欠货银共数千两（均立有定单），经屡追各店均讨要不还，于是庄启衡向葡领事请求照会中方追还欠款，

---

① 广东省立中山图书馆，澳门基金会，葡萄牙外交部档案馆，等.葡萄牙外交部藏葡国驻广州总领事馆档案（清代部分·中文）：第十三册［M］.广州：广东教育出版社，2009：133-135.

② 广东省立中山图书馆，澳门基金会，葡萄牙外交部档案馆，等.葡萄牙外交部藏葡国驻广州总领事馆档案（清代部分·中文）：第八册［M］.广州：广东教育出版社，2009：399-412.

如各号不照数清还，即将各号产业铺屋概行查封变抵。

光绪三十年（1904）正月二十日，揭阳知县接葡方照会后，派人传黄和盛、黄逢亮等到案讯明，但由于黄逢亮、黄和盛的逃匿，中方先将黄贤记协茂尾铺一间进行查封，同时提出了异议：

> 庄启衡本系华人，与真正洋人有别，如以地方涉讼，应归中国官秉公办理，葡方不必干预。①

后来，葡方又查出黄和盛父子担心协隆店被封，故使其司事郭阿伟出名冒认，将协隆店字号加上郭字贿弊未封，因而葡方要求查封协隆店。光绪三十一年（1905）五月，庄启衡得疾身故，其胞弟则开列欠款清单继续追讨。同年的十一月二十日，惠潮嘉兵备道沈传义传文葡领事，称该案已分札所涉的揭阳、普宁、澄海等县查照严追给领。②

该案到此为止，庄启衡所追讨的货钱是否被领回，案件是否最终结案，依档案的记录来看，并无相关结果。

六、陈镜川控海口瑞源号欠款案

光绪三十二年（1906），葡籍华贾陈镜川因广东琼山县海口瑞源号拖欠其货账本金和利息共计银四千九百五十七元一毫一仙五文，经多次追讨不还，遂以香港安盛商号主的名义向葡驻广州领事馆控告。

他请求葡方饬令琼山县官府将瑞源号及其股东陈松亭、陈殿臣的自

---

① 广东省立中山图书馆，澳门基金会，葡萄牙外交部档案馆，等．葡萄牙外交部藏葡国驻广州总领事馆档案（清代部分·中文）：第七册［M］．广州：广东教育出版社，2009：202-203.

② 广东省立中山图书馆，澳门基金会，葡萄牙外交部档案馆，等．葡萄牙外交部藏葡国驻广州总领事馆档案（清代部分·中文）：第七册［M］．广州：广东教育出版社，2009：228-230.

有产业查封，以作变抵欠款使用，并严拘二人，葡领事而后发文照会署理广东琼山兵备道兼管水利驿务调补广州府正堂多。

接案后，广州府正堂多即刻札饬琼山县票传瑞源号股东司事陈松亭、陈殿臣等到案讯明。在中方传讯的过程中，陈镜川发现瑞源号已被英国籍民吴文佳冒认承顶，并且吴文佳业已携同陈松亭逃往新加坡，他遂将此案之原委告诉了海口大英领事府并再禀至琼山知县。不料，英领事未蒙准理，而县官又称受洋行之阻碍，未便查封，因此陈镜川认为：

> 查得该号已有，希图挞欠，仍用瑞源号，加入兴记二字，作为洋行，竟置商款不理，显系籍势包庇瑞源号，足见其包揽分肥[之昭心]。①

十月初三日，他复禀葡领事，希望葡方照请琼崖道台县，这一次必须查封瑞源号及其在各处之产业以及欠债人陈松亭、陈殿臣在海口的自置房，以作备抵，同时严饬追究陈松亭、陈殿臣。

因为中方官员的缓办，陈镜川于十二月再叩葡方央浼其尽快让中方官员查封瑞源本号铺底货物和陈松亭、陈殿臣位于海口山岭的自置住屋。

因为此案，陈镜川在琼等候半年时间，期间他又发现瑞源号并未完全被封，怀疑琼山县宪包庇舞弄，于是在光绪三十三年（1907）五月初九日，他将自己的看法又一次传达给葡领事。

经过中葡间的反复照会，瑞源号后来承顶给了陈镜川（以慎德堂名字）营商以作弥补。但一年以后，有英籍人辜鸿德说瑞源号有欠款，

---

① 广东省立中山图书馆，澳门基金会，葡萄牙外交部档案馆，等．葡萄牙外交部藏葡国驻广州总领事馆档案（清代部分·中文）：第一册［M］．广州：广东教育出版社，2009：157-158.

要求现任瑞源号主陈镜川要承担相应的还款责任，陈镜川向葡领事提出要求，以为瑞源号已由他本人承顶，即使有欠款，也应由之前的股东陈殿臣等人变抵清还，而不是自己替偿。

最终，为避免多生事端，陈镜川主动提议把瑞源号欠安盛号一案销案[①]，此欠债货款纠纷总算了却。

七、沈焯仁控李英炜赖账吞银事

光绪三十一年（1905）十二月初八日，葡国籍商人沈焯仁向葡领馆禀控，称他在该年十一月十七日有潮州海阳县属李英炜局设的永同茂号向其借款而生纠纷：

> [永同茂号] 向他所开设的创合发行采办货庄价买柿并该银计汕平七百另三两九钱四分四厘半，货甫交而银未竟（立单为凭），只延七天之久，及二十四日李英炜人尽潜逃，店即倒闭。

随后他到李英炜家追账，没想到竟被其恶子辱骂威胁。为此沈焯仁希望领事能为他"移请惠潮嘉道札饬海阳县主，差拘李英炜父子押追，或查封其产业变价抵还"。[②]

由于档案的阙如，此案无果，但其同样是一起因卖方出货后买方未偿清货款所引发的纠纷案件。

---

① 广东省立中山图书馆，澳门基金会，葡萄牙外交部档案馆，等. 葡萄牙外交部藏葡国驻广州总领事馆档案（清代部分·中文）：第一册 [M]. 广州：广东教育出版社，2009：174-175.

② 广东省立中山图书馆，澳门基金会，葡萄牙外交部档案馆，等. 葡萄牙外交部藏葡国驻广州总领事馆档案（清代部分·中文）：第二册 [M]. 广州：广东教育出版社，2009：233-234.

八、许若苏控董子安拖欠货款事

宣统元年（1909），大西洋籍华商许若苏（广州永兴海味行店店东）就荣昌海味店东主兼司事人董子安曾提货后，不按照定单约定日期偿付货银六百零一两五钱而借诈逃回原籍地广东省三水县之事向葡领馆进行状告，希求葡领事照会广东三水县衙门严拘董子安并封产业以作变抵，好追回其所欠之债务。

葡方接到控诉后，于七月初二日第一次发出照会予三水县一方，要求追查县民董子安，可三水县始终没有回文，于是葡领事再三催函，亦未曾得到相关答复。无奈之下，葡国领事照会了广州知府，希望广州知府派专人赴三水县提拿董子安，查办其所欠许若苏之款项。广州府闻讯后，札饬三水县速速就办。

期间，许若苏又向葡领事穆礼时控称，董子安因为亏欠各商行银两太多，所以他想要以妥议清还（适当商量给付）的方式来清偿其所欠各家之银款，本着体恤之情，他亦表态签字。谁知，该协议里存有"折成摊收"的字样（平摊会招致许若苏应获之收款受到损益），对于此他认为自己是因被蒙骗才做出的签字决定，他要中国官府责成董子安按原价赔偿。鉴于三水县视之不理的态度，广州知府严开始初步查案。

翌年三月初一日，严将自己对案情的查办情况反馈给了葡方，表明了中方的严正立场。据严姓官员所查得知，董子安所开荣昌海味店亏欠各家商号银两数目甚大，后经协商，债权方（包括许氏一方）准许董子安或分五年半止息摊填或折成减收，同时以签字盖章的形式来达成协定。

为此，他对许若苏所谓的"签字不过允其妥议清还，并非允其折成摊收，又称货价允否折成，乃各商家自由之权，不能强令从同"意见进行了纠驳，觉得许若苏故意悔约，耍赖泼皮，生造事端：

夫在社会交际，之所以有签字一法者，必其对于人之一方面有特别允许之意，深恐或有反悔，故须签字使永兴店于折成摊收两层办法结皆未允，则但须向索清还，何用签字，且债主对于债户，责其清还，原系寻常办法，如果永兴店于折成摊收两层办法皆不允许，则亦何用妥议盖章。①

另外，他还进一步否认了许氏这样的行为：

议事之赖乎者，必其于寻常办法有以阻碍难行，故须妥议，别筹一相宜之法，以处理之。

因而，严认定既然永兴商号主在契约中签字确认，合同当之有效，悔约之理不应成立，许氏理应承担董子安折变之果，并非强令从同也。至于许若苏所提的封产变抵之求，严直言毫不必要，他饬令许若苏遵照议定，静候永兴店协同被欠各海味同行妥议办理，"应毋庸议"。该欠款案随后因得到解决而被注销。

九、林世觉控广西黄福记拖欠货款事

林世觉，葡籍华商，南宁致祥号东人，他从宣统三年（1911）正月二十三日起至正月三十日止，先后四次函至葡国驻广州总领事馆，为的是讨要自己被同在广西经商的黄福记号所欠货款。

林世觉向葡领事具禀，称他在广西南宁从事布匹生理，和在南宁、

---

① 广东省立中山图书馆，澳门基金会，葡萄牙外交部档案馆，等．葡萄牙外交部藏葡国驻广州总领事馆档案（清代部分·中文）：第三册［M］．广州：广东教育出版社，2009：37.

百色两埠之黄福记有生意往来。岂料，该号因倒闭而累欠林世觉货银二万零五百三十六两一钱五分二厘，宁压司事黄镜堂也预先外匿。所以，林希望葡领事能够"立电百色厅查照，一律均摊，以昭平允，而维商本"①"电饬百色厅将福记货二十尽存，百色商会候到摊免"②"电遏百色厅，请将福记现存货账提存商会，免太扼压后，照请粤督，电饬办理"③"先电百色厅阻止，先提货账，以救危急"④。宣统三年（1911）二月二十二日，葡代总领事宋（按：宋次生）回复了林世觉。他让林世觉"鉴着携据，亲到本署，递禀核办"⑤。

后来，林世觉又多次电文葡领事，将更为详细的情况告知了葡方。林世觉说，他已投报南宁总商会和宣化县先将该号把控查封备抵，并且福记欠商号之数目经南宁总商会核对无误而盖上了海关签章。⑥ 故此，林乞"照请两广总督宪，电饬广西百色厅将福记货账查封清算，将商

---

① 广东省立中山图书馆，澳门基金会，葡萄牙外交部档案馆，等．葡萄牙外交部藏葡国驻广州总领事馆档案（清代部分・中文）：第六册［M］．广州：广东教育出版社，2009：263.

② 广东省立中山图书馆，澳门基金会，葡萄牙外交部档案馆，等．葡萄牙外交部藏葡国驻广州总领事馆档案（清代部分・中文）：第六册［M］．广州：广东教育出版社，2009：264.

③ 广东省立中山图书馆，澳门基金会，葡萄牙外交部档案馆，等．葡萄牙外交部藏葡国驻广州总领事馆档案（清代部分・中文）：第六册［M］．广州：广东教育出版社，2009：265.

④ 广东省立中山图书馆，澳门基金会，葡萄牙外交部档案馆，等．葡萄牙外交部藏葡国驻广州总领事馆档案（清代部分・中文）：第六册［M］．广州：广东教育出版社，2009：266.

⑤ 广东省立中山图书馆，澳门基金会，葡萄牙外交部档案馆，等．葡萄牙外交部藏葡国驻广州总领事馆档案（清代部分・中文）：第六册［M］．广州：广东教育出版社，2009：267.

⑥ 广东省立中山图书馆，澳门基金会，葡萄牙外交部档案馆，等．葡萄牙外交部藏葡国驻广州总领事馆档案（清代部分・中文）：第六册［M］．广州：广东教育出版社，2009：269-270.

号被欠之款数目一体摊还，以昭公理，实为德便"①。葡方照会了两广总督。

是年三月十六日，两广总督张鸣岐照复了葡领事，说"现已札行广西左江道速饬百色厅查明"，将会"秉公办理矣"。

该案因中方进行了深入调查，所以在宣统三年（1911）六月初四日，张鸣岐才将初步的审讯意见传至葡方。张鸣岐认为，中方百色直隶厅、宣化县宪已查明黄福记号倒闭歇业，共欠泗色官款二万余两的事实，需要"照旧章先提追公款，经将该号货物查封，由厅将货账变抵催收提还公款，余偿私欠""听候委员到色查明办理"及"凡属被福记所欠之款，不论大小，均当众将数列齐，以备将来宁色货账合计摊还而免遗漏，有失重轻"。② 该货款纠纷案就此了却。

十、小结

综括上述案件而言，无一例外都是因为在买卖行为中，买家要么提货后不按期结算货款，要么赊账后不及时偿还而起的货款类商事纠纷。进一步来说，这一种卖家出货后追要货款，买家提货后不按约定清偿钱款的货款纠纷，往往反映出卖家在履行自己义务的同时，买家所出现的违约情况。③

所以，作为出货方的葡籍华商们自然也会为维护自身的权益而向葡

---

① 广东省立中山图书馆，澳门基金会，葡萄牙外交部档案馆，等. 葡萄牙外交部藏葡国驻广州总领事馆档案（清代部分·中文）：第六册［M］. 广州：广东教育出版社，2009：270-271.

② 广东省立中山图书馆，澳门基金会，葡萄牙外交部档案馆，等. 葡萄牙外交部藏葡国驻广州总领事馆档案（清代部分·中文）：第六册［M］. 广州：广东教育出版社，2009：276-286.

③ 邱澎生. 当法律遇上经济：明清中国的商业法律［M］. 浙江：浙江大学出版社，2017：347-349.

领馆提出控诉。其中，"王元彩控温杰卿拖欠货款一案"算是一个比较特殊的案例，因为王元彩最后放弃了他原本应该享有的讨债权利。究其根由所在，恐怕是王元彩不顾合同约定，追加利息的违约行为所致。此种只为私利，不按约定所执行的债权债务关系得不到法律的认可也就在情理之中了。

第二节　借贷纠纷

一、概说

从业经商者，往往都会有利用借贷资本的时候，通常情况下，他们会与放贷人订立字据，标明债权人、债务人、借款数额、利息及还款期限等内容。① 不过，这种以借贷的方式所进行的商业经营活动，容易引发相关纠纷。以下试举若干案件说明。

二、张甲等控陈李济借款不归事

该案起因如下：光绪二十八年（1902）七月，张甲、邓沃泉、黄兰生、梁毅卿、梁晓初等葡籍商人控告陈李济药丸店借贷巨额资本屡讨不还，合计本息费用共银十一万余两，有字据为证。正当张甲等人屡向葡领事控诉之际，有商人梁汝湘愿意出资五十余万元招顶陈李济铺面。张甲等人知悉后，认为该店如果被梁承顶，那么，他们就可以用梁所给

---

① 范金民，等.明清商事纠纷与商业诉讼［M］.南京：南京大学出版社，2007：80.

的招顶费用来结清陈李济借伊未还之款项，所以再度提出了追讨的请求。①

中方对于葡领事所反映的这一控案高度重视，两广总督德寿积极跟进，几度迅饬南番两县尽快办结，他同时认为想要接手的梁汝湘可以用其顶费偿还张甲等人所求之欠款。

而后，梁汝湘却向葡领事去信禀诉称，南番二县虽判定让他承顶，他也案按章程如数缴足银两四十三万两给南海县，但陈李济后人以祖业无归为由，要求他同意将承顶的方式由买受改为酌定年限承包，同时准允取赎，梁并未答应。

因承顶一事未决，也致陈李济偿还张甲等人欠款一案悬而未决。因此，张甲等人见陈李济与梁汝湘双方未达成协定，又被陈李济借款近十年，催收近三年，恐还钱仍无着落，于是在光绪二十九年（1903）请求将陈李济在广州、佛山所开的三个店面关闭，把店内货物变价抵还。

后来，两广总督岑春煊又反复催请南番二县按张甲等人要求办理，双方终于达成还款协议。该协议约定，陈李济确系欠张甲等银债十三万两，但张甲等一方同意陈李济只还银十一万两，第一次归还银二万两，余下的九万两分八次偿清，每年的五月、十一月各还一次，四年内还完。

据资料显示，两造当事人后来均履行了各自的义务，该案于宣统元年（1909）结案。

三、恒德号被拖欠银两事

该案起因如下：葡籍华贾何丽南，常住广东顺德，在顺德开有恒德

---

① 广东省立中山图书馆，澳门基金会，葡萄牙外交部档案馆，等. 葡萄牙外交部藏葡国驻广州总领事馆档案（清代部分·中文）：第二册 [M]. 广州：广东教育出版社，2009：61-194.

号钱庄。光绪三十年（1904）十二月初六日，他以恒德号被金源（祥记）及源聚栏揭款不还，企图吞骗为由，将其控诉至葡总领事处。

依何丽南之言，说恒德号向来与金源、源聚等有银两交易，彼此有借有还，相安尚好。谁曾想到，该号因收庄清算时，查出金源、源聚二店各自都有相应欠款还未偿清（已逾期两载，立有揭单）。于是，何丽南多次向其讨要账款，然而金源、源聚借口推延不还。无奈之下，何只好拿出揭单，发起控追，希望葡国领事能为他作主，"照会唐官督宪札县饬差金源及源聚各号人等传讯究追，责令本息清还，俾得血本有归，以免亏累而儆效"①。

该案无果。但据何丽南给出的借单显示，金源栏何法廷、何健生父子共揭洋银一千六百四十两（另息），源聚栏东主何载明共揭洋银九百两（另息）②，借款数目均为不小。故何丽南才认为，金源、源聚"生理仍蜀照常"，借款不还，此等"做法显系昧良之极"，继而为了维护合法权利，而提起控告。

四、刘若瑟控利荫庭、谭孔臣等揭款跑人事

该案始末如下：光绪年间，西洋籍商刘若瑟将在佛山经营永生、大生等押铺的华商利荫庭、谭孔臣等控至葡国驻广州领事馆。事情的缘由肇始于大生、永生两押店东主利荫庭、谭孔臣先后揭到刘若瑟本银四千

---

① 广东省立中山图书馆，澳门基金会，葡萄牙外交部档案馆，等．葡萄牙外交部藏葡国驻广州总领事馆档案（清代部分·中文）：第十五册［M］．广州：广东教育出版社，2009：436.
② 广东省立中山图书馆，澳门基金会，葡萄牙外交部档案馆，等．葡萄牙外交部藏葡国驻广州总领事馆档案（清代部分·中文）：第十五册［M］．广州：广东教育出版社，2009：437-438.

两（均立揭单存据）不还而跑。①

据刘若瑟细称，在借到欠款之后，利荫庭等人竟串同股伴曹桂根，先将大生、永生两押钱银等项搬到谦益押后又将该两押闭歇，他已经向南海县控告在案，但因利荫庭等人贿赂官府，导致此案搁置。

官府派出的陆光等十名官差在查办此案的过程中，始终传讯不到被告，自己还被陆光勒索银差不多百两有余，无奈之下，他请求葡方照会中国南海县宪：

　　迅饬查案，到佛山谦益押拘传利荫庭、谭孔臣等到案秉公讯赔，押令清还，并传问承差陆光拾还被勒银两。

令人遗憾的是，基于本案并没有官府的判处详情，我们就看不到原告所求之事是否能够如愿以偿，不过被告借钱躲债的情节却是相当清晰。而其也就成为一起比较典型的借贷类商事纠纷。

五、李若龙控追何昌等还款事

该案始末如下：葡籍商人，也即广州西关福祯祥玛瑙店店东李若龙，在光绪三十一年（1905）三月二十一日将洋银四百六十两正借予晋元银号何昌生理，立有借据，订明每百元每月加息银五钱三分，三个月还清。

可到了约定期限，何昌只偿还银二十六两，本息共计欠银四百五十五两四钱五分四厘未偿清，李若龙就此屡番"亲到追取"，结果都被何

---

① 广东省立中山图书馆，澳门基金会，葡萄牙外交部档案馆，等．葡萄牙外交部藏葡国驻广州总领事馆档案（清代部分·中文）：第十册［M］．广州：广东教育出版社，2009：67-69.

昌推诿拖延。后来，李若龙再找何昌，何告诉他说沙基兴记洋货店司事林播将会全面接收此事，而且还款事宜已在筹划当中，同时声称自己被晋元号店东罗超、罗七“为富不仁”，目前没有偿债能力①。李若龙只好复又选择等待林播的还款。然而，让人不曾想到的是，林播随后不仅没有偿还欠款，反倒与何昌“近胆串同隐匿不回”。因此，李若龙觉得他业经“无从着追，其为立心图挞，更觉显然”②，于是把二人控诉至葡总领事穆礼时处。穆礼时照会了中方南海县宪。

南海知县陈柏侯经过盘诊后，于光绪三十二年（1906）三月十九日将处置意见发给了葡方。在复函中，陈柏侯认为，晋元号已经破产倒闭，何林二人亦逃匿不见，晋元号仅存铺底，最好的处置办法就是放出该号，待“俟有人承顶，即将顶价先行扣出四百五十余两清还李若龙欠款，……倘恐别有轇轕，即由李若龙自行捡出揭单来案呈明，以凭核办。”③

该纠纷到此结束。在一起由借款人借款不还而引发的商事纠纷中，被告何昌为晋元号生意所需而向原告李若龙借款，但何昌一再推诿逃脱的行为，最终使得李若龙将其告上了公堂。

六、陈湝瞩控范赞廷私吞金钱事

该案始末如下：澳门华商陈湝瞩系葡国籍民，因广和号东主范赞廷

① 广东省立中山图书馆，澳门基金会，葡萄牙外交部档案馆，等．葡萄牙外交部藏葡国驻广州总领事馆档案（清代部分·中文）：第十二册［M］．广州：广东教育出版社，2009：146.

② 广东省立中山图书馆，澳门基金会，葡萄牙外交部档案馆，等．葡萄牙外交部藏葡国驻广州总领事馆档案（清代部分·中文）：第十二册［M］．广州：广东教育出版社，2009：146.

③ 广东省立中山图书馆，澳门基金会，葡萄牙外交部档案馆，等．葡萄牙外交部藏葡国驻广州总领事馆档案（清代部分·中文）：第十二册［M］．广州：广东教育出版社，2009：153-154.

私占其银财共计九百两而向葡领事控告。据陈淋瞩称，他在光绪二十九年（1903）六月十五日以永隆店、祥兴店之名分别借钱以四百两与五百两给广西广和号东家范赞廷，岂料范赞廷心生歹念打算吞银不还，还逃回广州城西并投股群乐酒楼。鉴于此，陈淋瞩要求葡领事照会南海知县，以为其追回债款。①

同年八月二十九日，南海知县王崧给葡领事穆礼时强调，中方会即刻催令范赞廷限期交回，陈淋瞩也需带相关证据到案讯明。中途，陈淋瞩又告知领事官说他（范赞廷）在群乐酒楼入股并兼职司事一事属实。于是，中方派差前往群乐酒店进行调查。光绪二十九年（1903）十月二十六日，就任代理南海知县的姚绍书将调查结果反馈于葡领事：

> 当经饬差查明催交去后兹准移交并据群乐楼东主崔登云以伊店内司事各伴并无范赞廷其人呈请摘除前来，除□揭示外，相应照复贵总领事官查照。

但陈淋瞩及葡方坚持认为范赞廷应该在群乐酒家从业，于是又让中方速去盘讯。光绪三十年（1904）三月十二日，姚绍书再为陈淋瞩控范赞廷一事去信葡领馆，将中方的二次调查情况转告给葡方。他在言语中表示，中方经过细查群乐酒店主理崔登云后，并无发现范赞廷在该酒楼有过投资或执业行迹，所以不能轻易判定查封群乐酒楼，随即做出了决定：

> 饬差勒令该店东崔登云交出原合同验明有无范赞廷股份某人占

---

① 广东省立中山图书馆，澳门基金会，葡萄牙外交部档案馆，等. 葡萄牙外交部藏葡国驻广州总领事馆档案（清代部分·中文）：第十四册［M］. 广州：广东教育出版社，2009：392-404.

股若干禀复核办。

由于档案并没有记录相关的审判结果，我们无法知晓范赞廷所欠陈湛瞩之债是否得以偿还。但在一起典型的欠债不还以据为己有为目的的借贷类商事案件中，原告葡籍华商陈湛瞩为维护自身的权益而将被告内地商人范赞廷告上官府的情节倒是比较明显。

七、黄兰生等诉追陈李济揭银赖账事

该案始末如下：该案事出葡籍众商黄兰生、梁晓初、梁毅卿、张甲、邓沃泉等人与陈李济立约在广州合作开设同一招牌经营药丸买卖，陈李济负责分店之事务，基于双方合作关系（买货卖货）已存二十年，所以当陈李济资金周转不灵之时，黄兰生之辈把洋银六万六千两通过立据的形式借予陈李济，协议中言明周利息为九厘。①

后来，陈李济无力偿还，便将分店承顶给了潘允成堂，同时让潘允成堂代为偿还黄兰生等人的欠款。黄兰生一干认为此为故弄玄虚，藉端逃脱，前前后后发文多次到葡领馆，控追陈李济欠债不还，以期将陈李济招牌生意铺物封变抵填。

光绪二十七年（1901）八月十四日，代职葡总领事的英国人萨允格第一次向中方去信，要求中方严肃处理黄兰生等控追陈李济欠款不还一事。随后，两广总督陶模告知萨允格，言明自己将马上传令南番两县，其言："饬传两造到案，示期集讯，分别办理并将集讯日期由县径先照知。"

光绪二十七年（1901）九月十八日，南番知县将会讯时间与地点

---

① 广东省立中山图书馆，澳门基金会，葡萄牙外交部档案馆，等. 葡萄牙外交部藏葡国驻广州总领事馆档案（清代部分·中文）：第十六册［M］. 广州：广东教育出版社，2009：409-427.

函告葡领事，希望他能转饬原告黄兰生等按时到场候审。谁料鉴于中方会审官员突有要案在身，集讯日期又不得不被拖延。随后的十月十三日，中方在经过第一次的集讯审理后，得出了初步意见：

> 查潘允成堂承顶接手陈李济店，县中虽有案可稽，尚非控饰，惟此案欠款系陈李济在前经手，自应责令设法清偿，同时仍传潘允成堂质讯，如仍狡赖不还，再行封底，领事官亦不用担心本事件没有着落。

当然，一审结果并未令葡方及原告黄兰生等人满意，陈李济所欠之债款照然未还，葡方让南番二县进行复审，中方再度确定了集讯日期及地点，并派差传告中葡受审两造人员。因原被二告在其后的受讯中全未到场，中方南番两知县遂即认为：

> 黄兰生等控追陈李济欠项一案，迭次传讯因头绪纷繁，迄难定断。

后来，此案再遭延宕，迨至光绪二十八年（1902）二月十六日，才以中方两广总督陶模做出"饬催查传讯明分别勒速清理，倘仍狡赖不还，即行查封备抵"的决定告结。①

很显然，本案是因陈李济借钱不还所诱发的商事纠纷。案件中，被告方陈李济借款后，不仅没能及时归还，竟还抵赖让接手者潘允成堂替其还款，这样的做法明显不妥。因为一般说来，第三方承顶者没有代偿

---

① 此案为前因，与前文张甲等控陈李济借款不归事（结果）构成完整案情，但因其性质类型相同，可做分别论述。

的义务，第三方执行的也只是自己与出租人所达成的约定。① 如果陈李济言谎要潘允成堂代为偿债，那么他败诉于控案的可能性就很大。

八、刘展廷等承办东莞小闸姓事

该案始末如下：光绪三十年（1904）五月二十三日，大西洋籍商香港福和鸦片公司兼同安保险公司总经理刘展廷携东莞全属小闸姓东安公司管理者莫英才向葡总领事禀诉，称他在光绪二十九年（1903）二月，承办了东莞全属小闸姓，转批与各子厂认饷开办。②

按照彼此约定，各厂应上缴的饷银暂由刘展廷统一预先垫付（因各分厂创开不久，资本主要用于经营与管理），后期再行偿还，承充的起止时间定为光绪二十九年（1903）三月到光绪三十年（1904）三月。到停办时，各承办分厂欠其饷银八千三百二十二两七钱六分，已经报备东莞县官府登记在案追查。

然而，各厂仰仗当地劣绅，官府又一直漠视不管，刘为此专门附上了各分厂负责人的姓名、原籍地以及所欠之实际饷银数目，请求葡领事照会东莞县宪严饬各子厂归还所欠他的饷银，并拘封各厂的产业。葡国领事官穆礼时随之照会了中方相关官吏。其中，官差祁行善认为应当分别究追，同时称已经派差役传讯各厂负责人。

可是，过了一段时间之后，此事仍旧未决，葡方再传信函于当时代理东莞知县一职的沈麟书，沈知县告知葡领事，此事将再委派差役拘

---

① 柴融伟教授援引中世纪意大利的一种地方习惯为例，说明了中外破产制度所涉相关对象是否应当承担连带责任的问题。柴融伟. 晚清对外贸易商行为微探 [J]. 北大法律评论，1998，(1)：80.

② 广东省立中山图书馆，澳门基金会，葡萄牙外交部档案馆，等. 葡萄牙外交部藏葡国驻广州总领事馆档案（清代部分·中文）：第十二册 [M]. 广州：广东教育出版社，2009：90-105.

追，必须查清。

光绪三十一年（1905）二月十五日，中方负责该事宜的新任署理东莞知县赵去函葡领馆，又一次确认了中方将会严肃对待刘展廷一案的立场，即需要再勒差严拘讯明勒追。

该纠纷案件亦无最后的判处结果，但确实也是因为各厂不还刘展廷垫款的行为所致。

九、小结

总的说来，债务人借款不归还或者是债权方垫款不能收回，往往会造成纠葛。而无论是葡籍华商还是内地商人，均可以将签约时的字据用来为自己的利益讨要说法。①

上述案例也都存在着双方当事人签字立约的情形，只是字据的有无对于纠纷案件的发生并没有决定性影响，在"陈湹瞩一案"里，《葡领档案》只字未提"双方立有字约"之事，但陈湹瞩依然进行了控诉，这表明了但凡事涉金钱的借出未回极有可能造成涉讼局面，此类借贷纠纷时而有之也就不足为奇。

第三节　产业纠纷

一、概说

有学者指出，清季"各省通商口岸，每因洋人置儆产业，迭生纠

---

① 周迪. 晚清澳门葡籍华商商事纠纷探究［J］. 澳门法学，2024，（1）：180.

葛"①，而内地亦因洋籍外人"私相购争地亩情事，华人贪图重利不顾大局，每至堕其术中，贻后来无穷之患"②。可以说，外国人在内地营商，因不动产的租赁与买卖行为所发生的纠纷比比皆然，这些纠纷同样也适用于当时的葡籍华商。

因此，在《葡领档案》中，葡籍华商与内地商人发生的产业纠纷比较容易寻见。当然，作为商业用途的铺屋与土地在租赁和买卖时，双方当事人会以签订合同的方式来对彼此间权利与义务关系进行表态，并将其作为日后遇涉控案时的书面法律凭证。

另外，商业用铺的租赁纠纷一般都是因承租方有违当初签订合同时的约定，才会被不动产持有者控诉至官府，此种情况又以欠租、拖租不交而常久霸踞的现象最频繁。而就商业用地的买卖纠纷来说，则是因为卖方考虑到地皮的增值而出现的毁约行为所致。以下试举相关案例说明之。

二、温铭基控商人赵瑞生等欠租违约案

西洋籍商温铭基于光绪三十年（1904）五月二十三日为逞恶霸踞叩嗯照会县主遣差押迁饬缴租项事致信葡总领事。按温的说法，他在广州新城小市街九曲巷内将自己父亲遗下的铺屋分别租与赵瑞生、徐宙等人进行居住及生理，双方均言明，一旦温铭基需要自用，便可立刻收回，立约为证。

---

① 朱英．商业革命中的文化变迁：近代上海商人与"海派"文化［M］．武汉：华中理工大学出版社，1996：36.

② 蔡晓荣．晚清华洋商事纠纷研究［M］．北京：中华书局，2013：72.

　　谁知，当温铭基收铺之际，却遭到"二人甜言诱缓，继而逞恶霸踞"①，况且其租金尚未交清，因而温铭基把此事控到了葡领事处，要求葡方照会番禺县主遣差押迁，饬缴租项。番禺知县得知此事后派差前往温铭基处调查取证。

　　一段时间以后，鉴于该案没有获得实际性的进展，葡领事又函告中方，声称中方务必尽快理断。

　　光绪三十年（1904）六月二十一日、七月、七月二十五日，番禺知县柴维桐三次照复葡方，除强调中方已经派差调查办理外，还将随时保护温铭基的个人安全。当然，因为查验抄呈文件时并没有发现原被两造签署的相关立约契据，所以柴维桐觉得此案应该"经俟续饬差查明，如果所禀属实并无别故，即当饬令搬迁就行了"②。

　　令人遗憾的是，"温铭基控赵瑞生等欠租霸一案"由于档案不完整，也就不能窥见到中国官府对两造的具体判处情况。但是，照中方官员目前的处置方式来说，应该不存在争议，因为对于铺屋租赁纠纷违约人的认定必须要以合同约定的内容为圭臬。

三、张甲控黎深翁等拖租案

　　光绪三十年（1904）二月十五日，葡籍华商张甲向葡领事发出请求，希望葡方照会中国南海县宪政府派差押迁黎深翁等人，并勒令其清交久拖之租金。

---

① 广东省立中山图书馆，澳门基金会，葡萄牙外交部档案馆，等．葡萄牙外交部藏葡国驻广州总领事馆档案（清代部分·中文）：第九册 ［M］．广州：广东教育出版社，2009：1．

② 广东省立中山图书馆，澳门基金会，葡萄牙外交部档案馆，等．葡萄牙外交部藏葡国驻广州总领事馆档案（清代部分·中文）：第九册 ［M］．广州：广东教育出版社，2009：3-5．

按张甲之说法，他在广州城西十三行同文街有铺屋三间，遭到租户黎深翁、莫禧祥、程鉴业之辈拖欠还强行踞铺，经他迭次追讨均置不恤，甚至反出恶声。

针对此，张甲拿出了截止到光绪二十九年（1903）十二月底各家欠款证据，其中，黎深翁共欠租银一百三十三两六钱；莫禧祥共欠租银一百一十五两二钱；程鉴业共欠租银一百二十九两六钱六分。①

随后，葡方照会了署理南海知县姚绍书。光绪三十年（1904）三月十三日，姚绍书照复葡领事，将中方对该案的处置意见送达葡方，因为他在查看张甲与被告的相关租赁协议后，觉得该案的处理应当采取"票差分别勒令德兴隆祺祯禧记祥发各店东迅将欠租如数交给张甲收领，如敢违延再饬传案勒迁究追"② 的方式。

本案中，张甲拿出的经双方当事人签字生效的铺屋租赁凭据，使得被告黎深翁、莫禧祥、程鉴业拖租不偿的违法事实得以成立，所以才会有后来中方官员在给葡国领事官的答复中所做出的立即派差强制命令黎深翁等人速还张甲欠款，如有违抗将再传案勒迁究追的承诺。看得出来，承租人霸铺不搬、拖欠租金的行举，较易招致有关产业纠纷。

四、赵秀石控冯翰修等欠租案

光绪二十九年（1903）十二月，西洋籍民赵秀石称，位于广州太平门外清乐街其菁堂有铺一间，长期租给大文斋开张对联生意。

至光绪二十七年十月，该街被焚，大文斋无力复开，于是在当年十

---

① 广东省立中山图书馆，澳门基金会，葡萄牙外交部档案馆，等．葡萄牙外交部藏葡国驻广州总领事馆档案（清代部分·中文）：第十四册 ［M］．广州：广东教育出版社，2009：337-340.

② 广东省立中山图书馆，澳门基金会，葡萄牙外交部档案馆，等．葡萄牙外交部藏葡国驻广州总领事馆档案（清代部分·中文）：第十四册 ［M］．广州：广东教育出版社，2009：355-356.

二月另租与冯翰修、张礼常等人，双方说明由赵秀石补银一百两正用于铺面修建，且其每年向冯等人收取租银六十两零四钱八分正，遇闰月照计，外加每年□金银一两八钱正，按月交收，建铺后，手立回收单存据。随后，赵秀石交修铺之银一百两给冯张两人，立有收据。

然而，两年过去了，冯翰修、张礼常等人既不修建铺，也不交纳租金。光绪三十年（1904）二月，赵秀石向葡领事提出，要求葡方照会南海县，立刻收回铺面给自己修建另租，同时追回所欠租金一百余两以及当初交给张礼常用于修建铺面的一百两银子。

光绪三十年（1904）三月初二日，南海县知事姚绍书同意赵秀石请求，给发告示，准赵秀石兴工建复，同时催传冯翰修等人问讯，追回所欠款项。①

此案暂无中方是否追回被告冯翰修等人所欠租银的结果，但我们窥见到了原告赵秀石控被告霸铺不迁的原由。

五、唐亮畴控祈源店东拖租案

光绪二十九年（1903）八月，葡国籍商人唐亮畴因将自己在番禺县买受的铺屋租给祈源店号进行生意，而该号号主经唐亮畴多次催缴租金却一直不履交租之责，所以唐将其控至葡领事处。唐亮畴要求葡方告知中国番禺官府，希望"番禺县差拘祈源店东到案，勒令搬迁，究追租项给领以杜霸据，而给尔后之人以警示"②。

接函后，番禺知县吕道象专为唐亮畴控祈源店东拖租一事于光绪二

---

① 广东省立中山图书馆，澳门基金会，葡萄牙外交部档案馆，等．葡萄牙外交部藏葡国驻广州总领事馆档案（清代部分·中文）：第八册［M］．广州：广东教育出版社，2009：251-262.

② 广东省立中山图书馆，澳门基金会，葡萄牙外交部档案馆，等．葡萄牙外交部藏葡国驻广州总领事馆档案（清代部分·中文）：第十二册［M］．广州：广东教育出版社，2009：291-293.

十九年（1903）八月二十一日回复葡总领事穆礼时，表态中方会"当饬差追租押迁，如违拘，案押追"①。

由于唐亮畴一案始终没有得到解决，葡领官穆礼时再度照会中方官员，极要中方强硬速办。番禺知县吕道象再于光绪二十九年（1903）十一月初四日做出答复，强调自己已经在办，望葡方能多给一点时间，定当会给其一个满意的交待。②

该案无相关审判结果，如果按照材料来进行揆度，中方应该会遵照执行，将对祈源店店东押迁审讯，毕竟祈源店店东违约拖租的行为已构成。

六、刘有庆等控汕头丁氏地产案

该案始末如下：西洋旗籍商人刘有庆于光绪三十年（1904）三月二十四日，以商人丁惠馨、丁宝元之人卖地悔约反倒霸占为由，将其状告至葡领官穆礼时处。③

据刘有庆与林月波禀诉，他们于光绪二十七年（1901）五月间同见证人萧朝一道前往汕头口岸，买得丁惠馨、丁宝元出售的埠永和街外白水坦一地，已交定金大定银、茶金、笔金等杂目，且丁姓商绅均署名立单为据，并同意买主自行处置该地，刘有庆等辈随后在该地上修建了商铺。

然而，丁惠馨、丁宝元等因地皮价格上扬，不肯立契交易，竟灭杀

---

① 广东省立中山图书馆，澳门基金会，葡萄牙外交档案馆，等. 葡萄牙外交部藏葡国驻广州总领事馆档案（清代部分·中文）：第十二册［M］. 广州：广东教育出版社，2009：295-296.

② 广东省立中山图书馆，澳门基金会，葡萄牙外交档案馆，等. 葡萄牙外交部藏葡国驻广州总领事馆档案（清代部分·中文）：第十二册［M］. 广州：广东教育出版社，2009：297-298.

③ 这里需要补充说明，该案是全卷宗在商业用地案例方面仅存的个案。

中人萧朝以灭口，并在刘所修之地搭蓬数间，聚赌摆卖。因此，刘、林两人希求葡方严催丁惠馨、丁宝元等卖家到案进行秉公集讯，同时当场结案，以免其血本无归。[1]

是日，葡领事穆礼时专为斯事去文当时的两广总督岑春煊，要中方查明，并准此办理。葡方直言：

> 严催丁惠馨、丁宝元等到案秉公集讯，当场办结，以免商等钜资填筑血本无归，也相应照会贵部堂查照，希即札惠潮嘉道分饬澄海揭阳等县堪明，先拆蓬厂无任奸横，立传丁惠馨、丁宝元等到案集讯明确从速办结以期相安。倘再不赴案即令商等按价缴官，由县立案出示另立税契官业以归血本而防止其欺诈得逞。[2]

为此，岑督下令惠潮嘉兵备道，要求其严肃对待此案。随后，刘有庆再催葡领事，让中方执行查办之请。

光绪三十年（1904）四月二十日，广东分巡惠潮嘉兵备道褚为刘有庆与丁氏地产纠纷事照会葡总领事，转告葡方他会马上下命让潮州府令澄海县传证原被两造到堂讯明，并公正审断。

该案中，原告刘有庆因为被告丁惠馨、丁宝元等人出尔反尔，不欲卖地而将其告至公堂，这让人看到了卖家有悖合同约定的举动。

---

[1] 广东省立中山图书馆，澳门基金会，葡萄牙外交部档案馆，等. 葡萄牙外交部藏葡国驻广州总领事馆档案（清代部分·中文）：第十二册 [M]. 广州：广东教育出版社，2009：58-59.

[2] 广东省立中山图书馆，澳门基金会，葡萄牙外交部档案馆，等. 葡萄牙外交部藏葡国驻广州总领事馆档案（清代部分·中文）：第十二册 [M]. 广州：广东教育出版社，2009：54-56.

七、小结

概括而言，商业产业的租赁与买卖行为在整个商事活动中十分普遍，因为大多数行商者都身处异地，需要进行商业用铺的租借与土地的买卖。可是，相关承租人或者商业用地的卖方在各种利益的驱使下，往往会出尔反尔，不再履行原本应该由自己去承担的合同义务。这样一来，也较易迭生纠葛。前文所列的各案例中，葡籍华商们有的作为商业用铺的出租人，有的作为商业用地的买受人，几乎都拿出了立约时的字据并将各自不履行合同义务的一方告上了官府。其实，这说明了在商业用铺与商业用地的租赁或买卖合同中，双方当事人均有立约凭据的习惯，立约的凭据也会注明租金的细目或是租金的交付方式与其他相互间认可的事项以及与之所涉的定金。① 只不过，绝大部分案件皆因逋欠房租霸铺拒迁所引起，唯独最后一个"刘有庆控案"实则是因商业用地的卖家在看到地价飞涨后所做出的违约之举而招来的官司。

第四节　本章结论

对货款类、借贷类与产业类纠纷做形态上的考察，这原就是商事纠纷最基本方面的展现。因为只要进行商业经营活动，难免都会碰到，这也是它们在《葡领档案》中频繁出现的缘故。

从上述相关案例可知，不论是货款纠纷、借贷纠纷还是产业纠纷，大体上都是由被告一方未按照彼此的约定来履行义务所致。只是，货款纠纷发生的原因是因为买家提货后不按期结算货款或者赊账后不及时偿

---

① 范金民，等. 明清商事纠纷与商业诉讼 [M]. 南京：南京大学出版社，2007：81.

还，借贷纠纷发生的原因是因债务人借款后不偿清债款，产业纠纷发生的原因则主要是由于承租人拖欠租金霸铺不搬。

因而可以说，葡籍华商们对此相当重视，其不仅会拿出立约凭据来作为证明，有的甚至还会亲自去追查被告方的现居地，然后再向官府进行汇报，以便使自身在纠纷与诉讼中处于一个相对有利的地位。

也许，在面对几乎不能够回避的，与日常经营生活息息相关的这些纠纷时①，钱财的大小倒是其次，维护正常的生计与生意上的往来秩序可能才是被告一方所要正视的问题。

---

① 马敏. 商事裁判与商会：论晚清苏州商事纠纷的调处［J］. 历史研究，1996，（1）：30-43.

第三章

葡籍华商商事纠纷：复杂形态之商行为争执

《葡领档案》中还有其他几种类型的商事纠纷，只是它们相对少见，但其还是从一定程度上反映了当时葡籍华商所涉内地商事纠葛的某种动态面貌。这里面，一部分是商铺东主或投资人委托他人经营生意或者授权他人代办，因受托人见利忘义所造成的纠纷，另一部分是源自被告人非法侵占所致的事端，还有一些是由图诈所起的纷争，剩下的则主要是商主体因为商行为的发出而受到被告方强权威慑导致的控诉。因此，本章节将分别对它们进行探析，继续讨论葡籍华商商事纠纷的形态。

第一节 委托纠纷

一、概说

有时候，基于人情世故及信任等原由，商铺的东主或有资本的商人往往会将自己的经营活动或商业往来的重要事宜授予其他人代为打理或经手操办，慢慢地便在商事交易过程中渐次形成了一种委托与受托的关系。①

委托与受托关系的存在实际上决定了被委托人只能在委托人授权的权限内从事符合法律规定的商事活动。因此，受托人的有关行为就会对委托人产生法律效力。然而，委托人委托他人为自己办理事务，本身就存在风险性，一旦经营者（经手人）背信弃义，就很可能引发争执，譬如以下各案。

二、黄二士控朱作壎私吞公款案

光绪三十三年（1907）十月初三日，大西洋籍民黄二士称，他在汕头埠口开设贤利成商号，该号取得了洋行商牌并受澄海县政府登记保护。

该年三月，贤利成号借予炳华昌号巨款，因为炳华昌暂时无力还清所欠款项，便出据欠款单（立贴盖印），黄二士随后委托该商号管事朱作壎查收保管。不料，朱竟然在后来私收欠款，还希图霸占贤利成号，侵吞了该号开业以来的一万零五百余元盈余，而且还向商会控诉，称贤利成号是属于自己（朱作壎）的产业，同时禀请移县存案。

对此，黄二士向葡方禀控，要求中方立刻饬令汕头巡警局提拿朱作壎讯明，严肃究处，追回侵吞款项。

中方在接葡方照会后，即将此案移交给汕头巡警总局进行查办，令其将黄二士是否即贤利成号东，朱作壎是否括吞，是否饰卸等情查明，同时请葡领事让黄二士回汕赴局投案讯明。②

---

① 范金民，等．明清商事纠纷与商业诉讼［M］．南京：南京大学出版社，2007：109.

② 广东省立中山图书馆，澳门基金会，葡萄牙外交部档案馆，等．葡萄牙外交部藏葡国驻广州总领事馆档案（清代部分·中文）》：第五册［M］．广州：广东教育出版社，2009：256-257.

据现存资料显示，该案没有最终的处理情况，但被告朱作壎见利忘义独吞公银，意欲霸占店铺的行为确实容易引发相关委托类纠纷。

三、陈湝瞩控张子谦等人亏空铺款案

西洋籍商陈湝瞩在广州城西开办其父所遗留下的米店诚昌号，诚邀张子谦做财务管理工作并兼临时代办人，向来无异。谁知，光绪三十年（1904）正月间，由于陈湝瞩外出办事，张子谦纠同本店原股东欧阳香婷、欧阳烱、欧阳华、谢履谦、谢伟相透支诚昌公银，张子谦还将诚昌之公银私吞而以作他设公昌米店之用。

为此，陈湝瞩一纸诉状将此事告发到葡领事处，他要求葡方函照中国官员，交出伙东“欧阳香婷、欧阳烱、张子谦等到案集讯，当堂呈缴数目究追给领，不致恶棍把持”①。

葡领事穆礼时其后发文南海知县傅汝梅，希望南海官府能够严肃对待，尽快办案。傅汝梅接案后，迅速展开了调查，并回函了初步的调查结果给穆领事，说欧阳香婷、欧阳烱、谢履谦、谢伟相、张子谦等的说辞与陈湝瞩可能有出入，需要再做审问。

光绪三十年（1904）五月初一日，葡领事在经过分析中方的答复后认为被告欧阳香婷、欧阳烱、谢履谦、谢伟相、张子谦等人“砌词瞒怂，希图抵卸”②，随之复电中方：

[期盼中方]迅饬干差拘传欧阳烱、欧阳香婷、欧阳华、谢履

① 广东省立中山图书馆，澳门基金会，葡萄牙外交部档案馆，等．葡萄牙外交部藏葡国驻广州总领事馆档案（清代部分·中文）：第七册［M］．广州，广东教育出版社，2009：312-315.

② 广东省立中山图书馆，澳门基金会，葡萄牙外交部档案馆，等．葡萄牙外交部藏葡国驻广州总领事馆档案（清代部分·中文）：第七册［M］．广州：广东教育出版社，2009：316.

谦、谢伟相、张子谦等到案讯追并缴验生理股份合约单据，不致空言塞责。……如伊等拘传到案，他会应即饬同陈湛瞩赴质。[1]

后来该案形成了互控之势，欧阳焗、欧阳香婷、张子谦等人又控陈湛瞩欺侮捏控。为此，中葡间展开了长达多年的交涉。在此期间，由于原被两造要么事假，要么病假，均数次未能到案参讯，本案被一拖再拖，中方各级主审官员也甚是无奈。

直到光绪三十二年（1906）的四月，在经过中葡双方反复交涉与提讯认定后（审判时，陈湛瞩始终抗延案件以及拒不接受中葡官方的断定），"陈湛瞩陈控张子谦等人亏空铺款案"[2] 才以中方广州知府强判补一千余两给陈湛瞩而告终。

显然，"陈湛瞩控代办经营人张子谦亏空米埠一案"反映的是被告张子谦的信誉出了问题。作为受托经营人员或代办者的张子谦不仅没有履行自己的责任和承诺，反而还监守自盗，挪用公款，最终酿成了这起委托人控受托人欠空米铺的商事纠纷案件。

四、刘展庭（廷）控杜宇川吞款案

该案始末如下：刘展庭（或作"廷"字），葡籍华商，在广州油栏门开张三益号洋煤店，雇佣南海县白沙村人杜宇川任司事管理账目并兼日常经营工作。光绪二十九年（1903）二月间，刘展庭以杜宇川亏空洋煤店本钱四百八十余两为由，把他控诉到葡领馆，希望葡方能够照请

---

[1] 广东省立中山图书馆，澳门基金会，葡萄牙外交部档案馆，等. 葡萄牙外交部藏葡国驻广州总领事馆档案（清代部分·中文）：第七册［M］. 广州：广东教育出版社，2009：316.

[2] 广东省立中山图书馆，澳门基金会，葡萄牙外交部档案馆，等. 葡萄牙外交部藏葡国驻广州总领事馆档案（清代部分·中文）：第十五册［M］. 广州：广东教育出版社，2009：201-205.

南海县政府，拘押杜宇川，同时勒令其偿还填清。①

葡领事在照会南海知县裴景福后，中方官员迅速派差前往三益洋煤店进行追究。据中方官差调查的结果显示，该店铺已经闭歇，杜宇川不知去向，所以不能传讯到案。

光绪二十九年（1903）四月二十七日，南海知县裴景福去信告知葡方，说查得杜宇川既系县属白沙村人，可以按照位址追查，但可能"饬传仍恐不能将杜宇川带到案"，希望葡领事立刻让刘展庭来衙署陪同差役前往。

后来，刘展庭自行查出杜宇川在白沙村有屋产，便告知葡领事，要求中方查封杜之产业，变抵给领办结，葡方为此复又函电新任南海知县姚。十一月初四日，姚知县在回复中称，刘展庭至今未到署衙参与追究杜宇川一事，况且杜宇川是否外藏乡下中方也不得而知，只可"饬差前往白沙村查拘带讯及查明杜宇川乡内有无田房产业禀复核办"。②

该案到此结束，它的起因其实是受托经营人亏空店面款项所致，被告人杜宇川身为管理钱账与代办经营之人，并没有恪守其职，竟还私自挪用公款近五百余两，难怪东主刘展庭为维护自身权益而将此事控诉至葡国领事处，要求中方官员严查责办，并做出赔偿。

五、陈炳睿控陈三福等欺压案

陈炳睿，葡籍商民，在汕头开张和裕店生理。一天，陈炳睿将自己

---

① 广东省立中山图书馆，澳门基金会，葡萄牙外交部档案馆，等. 葡萄牙外交部藏葡国驻广州总领事馆档案（清代部分·中文）：第九册［M］. 广州：广东教育出版社，2009：204-219.

② 广东省立中山图书馆，澳门基金会，葡萄牙外交部档案馆，等. 葡萄牙外交部藏葡国驻广州总领事馆档案（清代部分·中文）：第九册［M］. 广州：广东教育出版社，2009：219.

购货的洋银三千余元托受于分别属于惠来县与陆丰县管辖下的太源店与协和饷当采办货品，设有单据凭证。谁料，太源店、协和店东主陈三福、陈娘森私吞代购款银，陈炳睿屡追讨债，反被威胁毒殴，还劫去随身银币一千三百枚。因此，他将此事控告到葡领事处，葡方随后传话中方潮阳县官衙，潮阳县宪受理此案并展开追查。

期间，由于陈三福等人贿赂县差，此案没有得到审讯，于是陈炳睿在光绪二十九年（1903）四月二十九日，复函葡领馆，要求葡方"照会惠潮嘉道宪札催潮阳县立行封拘，从严追究"①。五月初十日，惠潮嘉兵备道秦为陈炳睿控陈三福等欺压案回复葡总领事穆礼时，表示他一定会札饬府县遵照办理。②

后来，在同年的六月，陈炳睿第三次向葡领事发起了禀控，希望领事能为他"照会道宪及潮阳县宪会营，设法拘集陈三福父子、陈娘森等，查封太源、协和吞赃追给按办"③。

据陈讲，陈三福等人因为受到指控，便更加肆无忌惮地想要报复他，竟在该年"闰五月二十二日纠同党羽将其赶杀于半溪港后渡头"，后幸得同伴相救，才脱离险情，陈三福等还口出狂言，声称不杀不休，害得炳睿四处账目不敢收，一直缠讼，惨难尽言。

葡方按其要求，再次照会中方。七月十二日，惠潮嘉兵备道褚告知葡方，他将"札潮阳县遵照勒差拘传陈三福等到本案讯明，分别追秉

---

① 广东省立中山图书馆，澳门基金会，葡萄牙外交部档案馆，等．葡萄牙外交部藏葡国驻广州总领事馆档案（清代部分·中文）：第九册［M］．广州：广东教育出版社，2009：247．

② 广东省立中山图书馆，澳门基金会，葡萄牙外交部档案馆，等．葡萄牙外交部藏葡国驻广州总领事馆档案（清代部分·中文）：第九册［M］．广州：广东教育出版社，2009：252．

③ 广东省立中山图书馆，澳门基金会，葡萄牙外交部档案馆，等．葡萄牙外交部藏葡国驻广州总领事馆档案（清代部分·中文）：第九册［M］．广州：广东教育出版社，2009：256．

公办结具报，毋稍玩延并札潮州府饬遵外合"①。

　　该案后被拖延，迫得葡方以案拖之久，戏出人命，咎归伊谁之理再度函催中方，意欲中方"迅速札饬潮阳县令立即从重比差，限期严行封拘陈三福、陈娘森等到案秉公究追，勒令清缴移交敝署俾得给领了事"②。

　　中方给出的回答是："札潮阳县遵照勒差拘传陈三福等到案讯明，分别究追秉公办结具报无稍玩延并札潮州府饬遵。"③

　　此案无果，但陈炳睿所涉控案，实际上是因为太源号与协和店不守信诺所致。

六、小结

　　总而言之，委托或代办，本身就是建立在委托人与受托人的情感因素基础之上的一种重要法律行为，是委托方信赖他人代劳的表现。如果说受托人或代为经手的相关人员违背承诺而见利忘义给委托人造成感情上的伤害，那么，委托人肯定会向受托人或代办人追究责任，只是他们通常会以法律的武器来维护自身的权益。这不但能给侵权者最为严厉的制裁及教训，还能在较大程度上有助于自己债务的追回。因此，几位葡籍华商都不顾讼断的疲惫，将维权行为进行到底，向失信者索要赔偿。

---

① 广东省立中山图书馆，澳门基金会，葡萄牙外交部档案馆，等. 葡萄牙外交部藏葡国驻广州总领事馆档案（清代部分·中文）：第九册［M］. 广州：广东教育出版社，2009：259.

② 广东省立中山图书馆，澳门基金会，葡萄牙外交部档案馆，等. 葡萄牙外交部藏葡国驻广州总领事馆档案（清代部分·中文）：第九册［M］. 广州：广东教育出版社，2009：264-265.

③ 广东省立中山图书馆，澳门基金会，葡萄牙外交部档案馆，等. 葡萄牙外交部藏葡国驻广州总领事馆档案（清代部分·中文）：第九册［M］. 广州：广东教育出版社，2009：266.

第二节　侵占纠纷

一、概说

《葡领档案》中，存在一种原被两造因一方非法侵占另一方标的行为而成纠涉讼的情形，其形式又可分为两种，即侵占产业与侵占资本（股本、股份）。这在当代被称为"非法占有"。当代法学意义上侵占的含义可以从民法与刑法两个角度来理解。其中，民法将恶意的占有解释为"侵占"，刑法则指的是侵占人通过实施犯罪的手段将物（财产）占为己有。

所以，像下面将要列举的案件，倘若严格来讲，既存在民事案件性质的可能，又有关涉刑事案件范畴的倾向，但皆因关乎商人群体，就使得它们与普通的民刑案件区隔开来。居荣（Yves Jurong）曾经用普通公民与商人公民这两种身份来界定处理民事及商事纠纷案件的规则，他叙述道：

> 制定法的研究表明，随着所考虑的行为属于民事性质还是商事性质之不同，或者行为人是商人还是普通个人之不同，对许多完全相同的"事实状态"，却存在两种不同的处理规则。①

可见，普通公民与商人公民身份的差异对于民事案件与商事案件的

---

① 伊夫·居荣. 法国商法：第1卷［M］. 罗结珍，赵海峰，译. 北京：法律出版社，2004：3.

定性起到了至关重要的作用。而按当今世界多国有关于民商事及刑事法规范之定罪情况来看，刑事犯罪大都依量而定，民商事则以犯罪主体来断。职是之故，本书也有涉及"侵占"类型的商事纠纷。以下试举数例说明之。

二、陈棠控辛仲堂霸占铺屋案

澳门葡籍华商陈棠，于光绪三十四年（1908）三月二十四日向葡领事穆礼时禀称，说自己曾在光绪十九年（1893）于广东省城耀华大街用陈誉安堂名号买得李萱、李卓兄弟房屋一间，价银一千两，有陈明、黎森二人作中为证，已经在南海县投税契尾载记，出字第九十三号，并获得李萱兄弟付来的经契（红契）。

买受后，他返回澳门，即将该铺屋租与他人，租金则由好友黄熙代收。后来，陈棠远出在外，而其好友黄熙病毙，关于该铺的有关事宜，他一概不知。1908年2月，陈棠由外返澳路经省城查知该铺屋已被辛仲堂潜行霸占已用。

对此，他请葡领事照会粤督札县将辛仲堂拘究，并勒令交回铺屋。两广总督张人骏在接到葡领事的照会后，遂即做出"札南海县差传讯办，禀复察夺"① 的决定。

此案件因为没有中方的调查与审判结果，所以只能看到该纠纷是由被告辛仲堂侵占铺屋而起。只是，辛仲堂的这种行径的确涉嫌"非法侵占"。

---

① 广东省立中山图书馆，澳门基金会，葡萄牙外交部档案馆，等. 葡萄牙外交部藏葡国驻广州总领事馆档案（清代部分·中文）：第二册［M］. 广州：广东教育出版社，2009：457.

三、陈湛瞩米店坲头拆筑补偿案

该案始末如下：① 光绪二十九年（1903）十二月二十五日，葡籍华贾陈湛瞩向葡总领事控称，他在广州沙面附近所开设的诚昌米店之东水坦一段（按：三片土地）遭某内地商民强行霸占以建米埠，并被其雇请的工人拆掉了他米铺南面属于市政的小部分，他遂将此事告知了省税务司，税务司派员查明，做出了"该处有碍水道业经监立界限不得混填"的决定。

可是，拆除行动照旧进行，不得已，陈请求葡领事函文省税务司以期税务司再派委员会查禁，命令霸据者复原离迁。

半年后，光绪三十年（1904）六月，陈湛瞩再度向葡领馆控告，希望自己"情愿被占筑之地每井酌补银五十两（要求补偿每二十亩）"了事，并提出如果按照善后总局及堤岸局的新规来进行补偿，他将获得"每井价银四百两"价款的说辞。于是，葡方应其之托，即行发函中国官府。同年的六月十五日，两广总督岑春煊向葡方给出了"饬令堤岸局严查禀复"的答复。

该案无果，但依后来广东海防兼善后总局所拿出的《详定商民承领沿堤各项码头租价及车辆费银价目章程》与《详定省河堤岸筑成后商民缴价承领地段埠头章程》两个政府文件来看，陈湛瞩显具谎辞，因为其中并没有陈氏所提到的"每井价银四百两"之补价规定②，况且

---

① 广东省立中山图书馆，澳门基金会，葡萄牙外交部档案馆，等．葡萄牙外交部藏葡国驻广州总领事馆档案（清代部分·中文）：第七册［M］．广州：广东教育出版社，2009：236-260.

② 广东省立中山图书馆，澳门基金会，葡萄牙外交部档案馆，等．葡萄牙外交部藏葡国驻广州总领事馆档案（清代部分·中文）：第七册［M］．广州：广东教育出版社，2009：248-288.

粤海防兼善后总局亦在这两个公文里反复声明一律禁止任何个人假借政府因实施的为民市政工程而图私利的立场。所以，该案若行判，陈湉瞩所提要求想必不能如愿，而违法占地（铺）者，亦会受到法律的制裁。

四、梁佐邦为控宏兴公司占筑案

该案始末如下：梁佐邦，葡籍华贾，于光绪二十七年（1901）三月向葡领馆代领事官萨允格呈控南海县辖宏兴公司为修堤岸盈利而占其所获他人抵押之坦田。①

据梁佐邦控称，他父亲梁少彭在光绪五年（1879）将银五千两借予广州泮塘乡仁威团练局，后者因无力偿债，就把位于南海县的黄沙八角亭坦田抵押予梁氏，该局另又在光绪二十年（1894）将南海泮塘白水坦田五十二亩零一分另渔课税坦横活三十余文作抵，押给佐邦公司，以借到洋银一万六千两。谁料后来冒出的宏兴公司为修堤盈利，恶意霸占这两块地皮，因而梁佐邦呈缴相关凭证，要求葡领事为他作主，函告两广总督下命中方县府彻查，撵赶宏兴公司。

光绪二十七年（1901）八月二十七日，两广总督陶模专程照文葡领事官，表示自己会饬令南海县宪查办，"仁威公局是否把地按揭，所按揭之银钱作何直销；宏兴公司筑堤一事有无事实依据"等情况，然后再把"传一干人证的定期集讯集审日期预行函达贵代理总领事官知照"。

由于该案没有得到解决，葡方催函中方加快处理进度，两广总督便在光绪二十七年（1901）九月十三日回信称：

> ［会饬速］南海县传饬各该原被告等到案示期集讯并将集讯日

---

① 广东省立中山图书馆，澳门基金会，葡萄牙外交部档案馆，等．葡萄牙外交部藏葡国驻广州总领事馆档案（清代部分·中文）：第十六册［M］．广州：广东教育出版社，2009：369-378.

期预行径自知照贵代理总领事官。

至此，因档案记录不全，我们看不到整个案件的审判与处置结果，但"梁佐邦为控宏兴公司占筑一案"照理说，是由债之关系所引起的不动产抵押被占案。

起诉人梁佐邦所获仁威团练局之抵押物，若按现行法律规定，梁佐邦所获仁威团练局的抵押物应具备不动产充当抵押物的资格。一旦梁佐邦控诉成立，他可依法实现抵押权，通过折价、拍卖或变卖抵押物优先受偿。在债务未清偿时，债权人无法直接获得抵押物的所有权或使用权，但可依据法律程序优先受偿。

五、高照华控黄星槎、辛焕堂侵占股份案

该案始末如下：光绪三十一年（1905）九月，大西洋籍商民高照华称，他在光绪二十八年（1902），与辛焕堂、黄星槎、杜舜臣、辛纪云四人招集本银两万八千两，合谋生理。其中，高照华出本银两千两，共股本三万两，在省城少基荣丰泰铺内设立恒安荣字号天津花生庄。①

按照约定：杜舜臣、辛纪云负责在津购买花生，然后寄运回广州；辛焕堂、黄星槎任司理，负责销售货物。

1902 年年底，辛焕堂称溢银万两，到光绪二十九年（1903）时，辛焕堂又称缺本银一万余两，恒安荣即停办货，高照华得知此事后，要求辛焕堂、黄星槎交回股本以作清算。

直到光绪三十年（1904）七月，黄星槎等人才将含年结的总账目交出，同时声称将会把恒安荣的本银用在慎记花生庄上，以前的股本不

---

① 广东省立中山图书馆，澳门基金会，葡萄牙外交部档案馆，等．葡萄牙外交部藏葡国驻广州总领事馆档案（清代部分・中文）：第八册［M］．广州：广东教育出版社，2009：1-13.

算，并希望高照华再投入新的股本。高照华因急需用钱，又见年结内数目诸多混乱，不愿再继续占股，多次向黄星槎等人追收本银。

随后，光绪三十一年（1905）五月初五日，辛焕堂让黄星槎汇本银以交还给高照华，而黄星槎称钱汇需要谨慎，需有辛焕堂在场才能够进行交还。为此，高照华又向辛焕堂追还。辛焕堂最开始支支吾吾，后来干脆隐匿不见，高照华便断定他们二人有相互推诿图吞其本银之嫌。

因此，高照华向葡领事馆提出控诉，要求南海县宪立拘黄星槎、辛焕堂到案，勒令其缴出股本银两千两及历年老本利息，同时限期将恒安荣账目交出核算。

光绪三十一年（1905）的十二月，南海知事陈伯侯接到葡方提出的要求后，立即传讯了辛焕堂、高照华等人。

据档案显示，该案并无高照华是否收回本银的确切结果，可辛焕堂、黄星槎等人相互推脱以求占股的动机却是事实，他们的违法行为将会在很大程度上被官府所认定。

六、陈湉瞩控王伯慎（王祖祁）私占股本案

该案始末如下：西洋籍商陈湉瞩自称应王伯慎（王祖祁）邀请，交股银两千两百两入广州天平街宝生当，从而成为宝生当股东，后又称陆续借给了宝生当银两万余两，并将自己在省城城西宝庆新街中购买的屋业契据以及三千两银子存于宝生当内，均立有收单，当押行可查。①

光绪三十一年（1905）八月初八日，陈湉瞩因遭王伯慎侵吞宝生当股银，瞩给示并盗契之举而把王控至葡领事处，希求葡方"照会番禺宪秉公集讯"。

---

① 广东省立中山图书馆，澳门基金会，葡萄牙外交部档案馆，等. 葡萄牙外交部藏葡国驻广州总领事馆档案（清代部分·中文）：第一册 [M]. 广州：广东教育出版社，2009：79-140.

番禺知县柴维桐接葡方照会后，即着手展开调查，查得陈湉瞩本开有诚昌米号，的确是有三千两银子存在宝生当，因陈湉瞩控告王伯慎侵吞财产案，官方封存了这三千两银子，同时认为陈湉瞩不是该当股东，毕竟据王伯慎所开列的宝生当股东名单显示，并没有陈湉瞩的名字，而且陈所言的城西宝庆新街屋业既然是其产业，陈为什么不自己存放。

据档案记载，为查清陈湉瞩控王伯慎案是否属实，中方官吏曾先后五次饬请陈湉瞩到案与王伯慎对质审讯，其间，王伯慎一方携带股东证明及相关凭据等到案等候，陈湉瞩均未到案。

最后，中方认为陈湉瞩屡不到案，实属做贼心虚，显具谎言，于是决定销案。

七、孔监黎控梁德基背约吞噬案

该案始末如下：① 光绪三十年（1904），据西洋籍商同信堂股东孔监黎称，他曾投资了四千元，向总商梁德基承批西关仁济段缉捕经费，订明每日饷银三十元，界限由廻澜桥脚谭馆起至油栏门闸脚李馆目（该馆自二月初一日开办之时每日可创盈二十四元，经孔监黎整顿后，每日可创盈五十余元），双方合作相安无异。

可有一天，总商梁德基与副商张卓华突然提出要求，说要将该馆提回自办，又说孔监黎欠饷，便于三月二十日将孔承包期间应收各馆饷银强行霸占，同时将孔监黎投资银两吞没（按：当时督局宪有"定章三年为满，如无欠饷，不得革退"的规定）。

当然，孔监黎自认从未欠过饷，还觉得说梁德基等人纯属捏欠吞噬，狡串霸收，有心欺压，他遂把此事告至葡领事，希望葡方为其照会

① 广东省立中山图书馆，澳门基金会，葡萄牙外交部档案馆，等．葡萄牙外交部藏葡国驻广州总领事馆档案（清代部分·中文）：第七册［M］．广州：广东教育出版社，2009：352-360.

中方南海县官员，并让南海县宪遵照督局宪定章之规定执行，还提议要将梁德基打算拿回自办的馆仍归自己经营。

南海知县傅汝梅接到孔监黎控告后，认为孔监黎任听提回不早控究，至今才开始追究，显有别情，要求各方（总商梁德基、缉补经费局、孔监督黎等）到案查明原因后再行办理。

该案并没有最终的审判情况，孔监督被梁德基所侵占的股银有无追回我们也不得而知，只看到了这是一起因非法侵占资本所起的商事纠葛。

八、小结

从以上多个葡籍华商所涉的侵占类商事纠纷案例中发现，产业、资本（股本、股份）等被合伙人或是与利益攸关的第三人私自侵占的现象在商业活动中也能够有所见闻。

不同的是，产业类型（铺屋等不动产）的侵占案件多是由利益相关者（非熟人）所为，资本（股本、股份）类侵占案件则呈现出一种被合伙人侵犯的状态。

另外，就前者而言，它的复杂程度更大，比方"陈湘瞩米店埠头拆筑补偿案"关涉到了政府的市政工程及其补偿事宜，"梁佐邦控宏兴公司占筑案"又牵扯出了因债之关系所致使的不动产抵押一事，这或许是资本（股本、股份）类侵占案件无法与其等量齐观的缘由。

第三节　图诈纠纷

一、概说

商业往来，本以和为贵，达成多赢之局面为佳，但也不乏个别从业者要么因其利益受损，要么缘于自身的唯利可图，往往在市场的交易、服务及合作等过程中，以透过虚构事实、宣传虚假信息的手段，来骗取被害人包括钱财在内的各种物质利益，而出现了有损同行、客户以及其他人士权益的行为。这样，因图诈而起的纠纷乃至诉讼①时而可见。以下试举数例说明之。

二、陈礼陶控黄亚麟拒迁案

光绪三十年（1904）六月，澳门葡籍商民陈礼陶一纸诉状，以拒迁、图诈为由将在广州高第街西约开设奕昌人物店的黄亚麟告上了葡总领馆，要求中方番禺县宪出面解决，并让黄亚麟将他所储存在奕昌店内的木箱等物件进行搬迁。

据陈礼陶称，他在广州高第街办有福和绸缎店，右边是奕昌人物店东主黄亚麟，但黄开奕昌之招牌是向陈桂福堂所租用的，他需每年向陈桂福纳租六十元，最近因黄氏大量欠租陈桂福堂，还经常将货物转让按揭以及私卖他人，所以在光绪二十九年（1903）的八月，陈礼陶向陈桂福堂提议，要黄亚麟交回他所代理的奕昌货品。

后经过告知与登报刊示，到十二月二十六日，陈桂福堂终于将货物与招牌收回，黄亚麟也亲笔批明，存留字据，并认为彼此（黄亚麟与陈桂福堂及奕昌）再无瓜葛。可是，黄亚麟在搬迁其物件之时，把存有《四度》古书的木箱留在了奕昌堂（按：奕昌店已于 1902 年卖受给了陈礼陶的公家陈荣业，陈荣业享有奕昌店的使用、收益及处分权利），说是之后再来沽掉用以摊债。

不料，在光绪三十年（1904）的六月十四、十五日，黄亚麟纠同多人，到本约街坊庙捏称陈礼陶之福和店封他货物，砸他招牌，要福和

---

① 范金民，等．明清商事纠纷与商业诉讼［M］．南京：南京大学出版社，2007：175.

与他填账，陈礼陶为此还被街坊邻居众骂。

出于这样的情况，陈氏请求葡领事为他去信中方官府。番禺知县柴维桐接诉后，觉得"除饬差查明本案实情禀复核办外"，尚需"移交南海县查传讯断"。

光绪三十年（1904）七月，由于此案还未得到彻底解决，陈礼陶又添新烦，他再度叩乞葡方以求援助。陈说：

> 嗣因黄亚麟隐匿在迎祥街慎安店，番禺以迎祥街系属南海地方须转移南海发差协拘等因，诓黄亚麟愈肆咆哮，伪称欠户标贴长红不噬不休不独，搞得奕昌不能再行租与他人，而福和店的生意也大大受到牵连。①

对于此，陈礼陶希望：

> ［葡领事］照会南海县尊迅赐差拘黄亚麟归案究办，以警蛮横并照会番禺县尊饬差协保，将黄亚麟贮奕昌店之货物刻即搬迁并赏示悬挂招租至黄亚麟经手之账目银两俱归，不得要黄亚麟勒骗得逞，以安商业。②

葡方即刻照会了中国番禺县衙。光绪三十年（1904）七月二十八日，番禺知县柴维桐在回复葡领事照会时，做出如下决定：

---

① 广东省立中山图书馆，澳门基金会，葡萄牙外交部档案馆，等．葡萄牙外交部藏葡国驻广州总领事馆档案（清代部分·中文）：第九册［M］．广州：广东教育出版社，2009：15.

② 广东省立中山图书馆，澳门基金会，葡萄牙外交部档案馆，等．葡萄牙外交部藏葡国驻广州总领事馆档案（清代部分·中文）：第九册［M］．广州：广东教育出版社，2009：15.

　　南海县传案在册，原被两造均不到场，在未做讯明，判断是非之前不能随意勒迁黄亚麟以及奕昌不能再行招租与他方，……[惟可] 再移催勒差传集到案质讯明确，秉公究断。①

　　一年后的三月二十七日，柴知县再次去函告知葡领事穆礼时，认为可以销案了，因为他觉得，两造已自行私和，案情业结，曲直众寡，天须再行公明。其言："黄亚麟所立字据声明，收到搬迁费用，情愿了结，是案已清楚，应准注销。"②

　　本案是典型的商事敲诈勒骗案件，原告陈礼陶因多嘴管事，遭到了被告黄亚麟的报复污蔑（黄亚麟利益因其受损），不仅害得自己的福和堂生意受阻，还要偿付黄亚麟所欠所补之账，而陈礼陶公家陈荣业的奕昌店也因此不能再转租于他人。

三、陆敬南与忠信堂经济纠纷

　　光绪二十八年（1902）九月初四日，负责广州逢源正街码头事务的忠信堂商号为出租人葡籍商民陆敬南无端不收租金还意欲续履协议可能涉诈一事向葡总领事告状。

　　忠信堂具称，其原本与陆敬南订明租约，承包广州逢源正街码头事务，每月收租银八百元，后因陆敬南突然说该码头经各股东同意，已全盘卖与永德堂陈启祥等管业收租，陆敬南遂不再收租。此后，忠信堂就

---

①　广东省立中山图书馆，澳门基金会，葡萄牙外交部档案馆，等. 葡萄牙外交部藏葡国驻广州总领事馆档案（清代部分·中文）：第九册 [M]. 广州：广东教育出版社，2009：19-20.

②　广东省立中山图书馆，澳门基金会，葡萄牙外交部档案馆，等. 葡萄牙外交部藏葡国驻广州总领事馆档案（清代部分·中文）：第九册 [M]. 广州：广东教育出版社，2009：21-25.

发表声明说，从光绪二十八年（1902）的七月起他们将不再交租金给陆敬南，但陆敬南始终不曾出面参与新约的确认。然而，陆敬南随后却出面要求忠信堂继续缴租。

忠信堂认为，陆敬南码头既卖与人，其租银自应归新人收取，此中必有巧诈，忠信堂不能接受陆的所求。

葡领事穆礼时向中方官员发出了照会，希望粤地方官员能尽快展开调查。光绪二十八年（1902）十一月二十四日，署理两广总督德寿在受理此案后告知葡方，中方将札饬南海县查明禀复核办。[①]

该案无后续处置结果，但显而易见的是，陆敬南存在图谋行诈的举动，他为何会突然不收取租金而将码头卖售，居然还要在码头转售之后再行收租，其疑点众多，难怪忠信堂会把此事告发到葡领馆去讨要说法。

四、林咸林（连）为控赌馆拒兑彩票案

此案始末如下：光绪三十年（1904）正月十七日，大西洋籍商林咸林称，他于光绪二十九年（1903）二月十号在西关蓬莱桥汇利二厂花了一元七毫钱，投买了南昌辰厂小闱姓彩票（一盘十六字顺头尾圈扣顺企三十二，追十六围，共票五百一十二条）。[②]

到了开奖时，他取出原票进行核对，发现中得彩银七百七十四两四钱正。于是，他拿着票底，前往购彩点兑奖。但销售彩票的王朝、黄福亭等人却说，"中彩甚钜，厂中忙碌，须越日交收"。

---

① 广东省立中山图书馆，澳门基金会，葡萄牙外交部档案馆，等. 葡萄牙外交部藏葡国驻广州总领事馆档案（清代部分·中文）：第十三册［M］. 广州：广东教育出版社，2009：340-343.

② 广东省立中山图书馆，澳门基金会，葡萄牙外交部档案馆，等. 葡萄牙外交部藏葡国驻广州总领事馆档案（清代部分·中文）：第八册［M］. 广州：广东教育出版社，2009：265-270.

林在后来如期找其兑换彩票，王、黄等人又称中彩后须答谢五成，林咸林觉得答谢过多便不同意，所以他向葡领事馆控告王、黄等人图诈票彩，要求派人前往蓬莱桥汇利小闹姓馆立拘二人，同时备文照会两广总督檄行善后局，转饬宏远公司商人卢华富速将其所中彩票进行兑现。

光绪三十年（1904）正月，小闹姓总负责人卢华富向葡领事去函称，近日有人伪造中彩红票，多次向收票店讹诈索彩，有的还串使洋籍教民出头，赴领事馆诬控希图索追，以致各收票店受累不浅，同时要求：

> 葡领事馆出示晓谕洋籍商民或者请教士劝谕教民勿投买小闹姓彩票，如有人想买，须照中国公司章程例办理，而总公司并无发票图章凭据颁出，如有收票，应由该收票店自行理明，与总公司无涉，不能向总公司追问。

本案比较特殊，案情中出现了一种由一个原告与两个被告所构成的模式，原告林咸林既希望拘押蓬莱桥汇利小闹姓馆主王朝、黄福亭等人，又想要小闹姓总公司负责兑彩。

因为档案缺少中方的调查结果，所以最后的审判意见我们无从知晓。不过，彩票商不按照行业规定兑现自己的承诺着实很容易诱发商事纠葛。

五、刘有庆控饶氏晋华庄骗款案

此案始末如下：据西洋籍商人刘有庆在光绪二十九年（1903）闰五月向葡总领事官禀文称，他在佛山镇汾宁里合聚店（卖方）投资经营布匹生理，已经与晋华商号合作多年，彼此相安愉悦。孰料，近来晋华店东饶鹿生、饶衍万兄弟等突起不良意图，串同其叔伯和兄弟等将晋华号店面关闭（按：按照刘有庆的说辞，在光绪二十九年内，饶氏晋华庄以"继续开店营业"为名，先后借到合聚店钱款共计一万八千六百两正），不再续营。故此，刘有庆认为饶氏明显欺诈，请求葡领事照会两广督宪札饬按名拘案讯追饶氏晋华庄东主等人，并希望查封变抵其产业，以归债款。①

随后，葡总领事为刘有庆控饶氏晋华庄借款不还一事照会了署理两广总督岑春煊。葡方提出了要求：

> 照会贵部堂查照迅请札饬兴宁县务将晋华店饶鹿生饶衍万，千泰店饶祐屏，谦记号饶子尧，开汇号饶东凤等拘案押令，清还查封变抵给领，按骗人财物律讯办。

葡方希望中方照做不误。闰五月十八日，岑督复函葡领事，并在信中给出了自己对于该案的处置意见，他觉得此案不能按照和约来认作为交涉案件处置，中方亦不可能任意听命于葡方的要求。因为佛山不是通商口岸，而刘有庆若真是洋商，就不应该在内地开店，既然佛山合聚店的资本委系为刘所属，那么按照中外合约的规定，是不被允许的，刘有庆应该参照华民章程自行向地方官进行禀控。

六月二十六日，两广总督岑春煊在经过细致的查讯分析后，发文告知葡领事，他关于刘有庆案的最终看法。岑春煊认为，合聚店不是刘有庆所开，刘不应该过问该店与他人往来的债项：

> 如有果合聚店收过刘有庆资本，允为代办布匹并不将货清交，

---

① 广东省立中山图书馆，澳门基金会，葡萄牙外交部档案馆，等. 葡萄牙外交部藏葡国驻广州总领事馆档案（清代部分·中文）：第九册［M］. 广州：广东教育出版社，2009：269-290.

自应惟该店经手是问。

现在合聚店以被饶鹿生等揭欠巨款为辞，难免不会俾人心生疑问其是否借托图索"刘有庆资本"，所以，岑春煊质疑合聚店在欺骗葡领事，希望葡领事不要被愚弄，还提议：

> 刘有庆资本系交合聚店代办布匹，如有纠葛，应与该店自行清理，倘不能清理，尽可禀由贵总领事官照会本部堂，自当札行地方官为之究追其饶鹿生等揭欠合聚店欠项，另是一事与刘有庆无干，如果实有其事，应该由该合聚店东主自行呈请地方官究追就行了。

根据材料显示，"刘有庆控饶氏晋华庄骗吞债款一案"实际上是被告晋华庄借用彼此间的合作之名而产生的债之关系，只是其借款后不按时还揭，还将门店关闭另作他用的行为构成了更为严重的图诈纠纷。

六、小结

纵观图诈类商事纠纷得知，图诈方大体上都会以各种手段来骗取本不属于自己的利益，抑或不按照商事往来的行业规定来履行自己的职责而引起了纠纷。图诈方为获得"不正当利益"或者不履行责任，通常采取"拖延之道"。

在陈礼陶控黄亚麟拒迁案里，被告人黄亚麟"搬一半留一半"；在陆敬南与忠信堂经济纠纷中，陆敬南停租时虚张声势；在林咸林（连）控赌馆拒兑彩票一案里，彩票销售商辄是找借口推脱；在刘有庆控饶氏晋华庄骗款案中，被告内地商馆饶氏晋华庄亦真亦假，先行继续开馆营商，后续闭馆跑人，怪不得原告们都会对这种性质恶劣的行为及其意图感到深恶痛绝，遂将他们告上了官府。

第四节　其他纠纷

一、概说

关于葡籍华商商事纠纷的类型除上述外，一部分是鉴于单一个案的原因，另一部分则因为不是发生在特定的商主体之间，但为了与纯粹的民事主体相区隔，这样的纠纷和诉讼，其实也是有关商业经营主体的内容①，自然就可以将它们归入其中，何况是一些显得比较重要而特殊的案件，因之也就放在本小节来一并探讨。大致而言，有对碰船而进行的控告、有对船舶被扣而发起的控诉、有对工程款支付所作出的控告以及商主体因商事活动而衍生出的对官吏的控诉等情形。

二、谭清溪控广州穗梧兴轮撞船赔偿案

葡籍商民谭清溪于光绪二十九年（1903）二月十五日向葡总领事官穆礼时控诉，称他所承充的澳门粪务公司德兴号货轮在该年的二月初六日于南海水域行驶时，被正在拖渡的穗梧兴号商轮撞沉，导致损失掉船上的一箱货品与船身家私杂物共计银一千六百余两，并使得一名叫作张亚喜的船伴落水不明后果。因此，他望葡领事即刻照会中方南海县宪官府，要求查明其伙伴之下落以及扣留穗梧兴号，同时索要赔偿，免得无辜受累。

葡方接状后，便着手与南海官衙进行交涉，南海知县裴景福在光绪二十九年（1903）二月十五日第一次为此事复函葡总领事穆礼时，他

---

① 范金民，等.明清商事纠纷与商业诉讼［M］.南京：南京大学出版社，2007：289.

认为中方应该请粤税务司派差前往事发之地堪明情况，然后进行相关盘查才能做出认定：

> 传集两造船主讯明，究系何船有错，将所损船货估货照断令有错之船赔偿并将船扣留一面，同时对查明张亚喜是否溺毙，抑如何下落。

三月初六日，南海县派人去到肇事处做了勘验，并劝说两造双方避讼私和，可调解并未取得实际上的成效。

于是，三月十二日，粪务公司为撞船赔偿一事又致信葡总领事，本次谭清溪等人斥责穗梧兴东人吕沛云不尽仁义，只答应赔偿其误工费三百六十两，觉得"尚且不足坏货修船，血本更属无归，为累甚钜"①，必须押扣因拖渡穗梧兴号而引起撞船事件的公孙轮号，而且还要其东家承担"坑货一船重二千担连修船什物共值银一千六百五十两，讼师费用银二百四十余两，船期该银三百两"等费用。

而后的四月初七日，谭清溪、叶逢春等人再一次要求葡方照会南海县宪速传穗梧兴到案讯明估价扣留断赔。四月二十日，南海知县裴景福告知葡领事，说张亚喜已安全返回香港，而此案的被告方穗梧兴船主及驾驶人等讯断在案。

后来，葡方多次催函中方速速办结，裴官分别于四月二十七日、五月初二日及五月初十日三次去函进行回复告知，最终由于两造迟不到案，他遂做出了"再提差严比勒限设法传出讯追，如仍不到案即照请

---

① 广东省立中山图书馆，澳门基金会，葡萄牙外交部档案馆，等. 葡萄牙外交部藏葡国驻广州总领事馆档案（清代部分·中文）：第十三册［M］. 广州：广东教育出版社，2009：473.

税务司扣轮酌办"的决定。①

　　显然，该控案是一起典型的船碰纠纷，原告澳门粪务公司德兴号货轮在南海水域正常行驶时被拖渡之船穗梧兴碰沉，致使德兴号人财受损而酿成官司。照材料来说，如果该案存在审讯及处理结果，那么谭清溪等人的理赔请求应该会得到中国官府的支持，因为被告的行为已经构成了船碰的事实。

三、陈谷控何荣勋私扣货船抵欠款案

　　宣统三年（1911）间发生了一则澳门葡籍华商控内地商人的商事纠纷，身为葡籍华商的陈谷因批租他人采办柴禾，船只遭到扣押而将被告肇城（肇庆）裕生店东何荣勋一纸诉状控至公堂。

　　事出宣统三年（1911）六月初六日，陈谷与洋商勿□达成委托采购协议。即，陈谷代勿□前去内地采购"松柴十四万斤，供伙食之用"②。陈谷遂于六月初八日找到旺利船商苏显纯等人，在签订批约后，旺利船户船家始前往广东省西江采办。然而，一段时间过去了，陈谷发现旺利号迄未返澳。陈谷就此进行了调查。经调查发现，原来在该年闰六月初九日，旺利号由肇庆悦城回经黄江税厂时，被受托报税人裕生店东何荣勋扣押，何氏还"逼令填欠"，抢去船上桨橹两支。之所以如此，原因在于澳门同德店之前所开泗益隆船只欠何荣勋款项。陈谷殊感骇诧，认为同德店不应该找旺利索赔，而是要来澳控追，毕竟这与旺利毫无关

---

① 广东省立中山图书馆，澳门基金会，葡萄牙外交部档案馆，等．葡萄牙外交部藏葡国驻广州总领事馆档案（清代部分·中文）：第十三册［M］．广州：广东教育出版社，2009：494.

② 广东省立中山图书馆，澳门基金会，葡萄牙外交部档案馆，等．葡萄牙外交部藏葡国驻广州总领事馆档案（清代部分·中文）：第二册［M］．广州：广东教育出版社，2009：38.

系。所以，他以此事"显系借端索诈，嗣后办货长此横遭扰害，迄无保护，何以谋生？实于商务前途大受影响"① 为由，对裕生何荣勋发起控追，恳请葡领事让中方大宪立饬高要县宪，拿回被抢桨橹，放行旺利船，同时要求裕生店东按合同承担责任，如数赔偿违约银两及误工费，"以全货本，而免受累"。

该案并无中葡双方的交涉意见及最终的审讯判处结果。要说的是，在一起船舶扣押纠纷中，作为原告的陈谷，本让旺利船代为采办柴货，谁知只因同德店是澳门商号，欠人款项而被其债权人裕生店东何荣勋捏告讨债，进而导致旺利号被扣押受累，自己亦要赔偿洋商勿□"每日十元"的逾期费。因此，为了讨要说法，保护自身合法权益，以减少损失为初衷，陈谷于是将私自扣船者何荣勋告至公堂。

四、朱裔敉控朱炳麒等拖欠工料银案

葡籍华商朱裔敉自称系建兴和、建兴祥股东兼司事人，应广东新宁县绅朱炳麒、朱典元等要求承建文公祠宇，若工程顺利完工，伊会得到工料银二万五千九百六十四两。后来，祠宇竣工，朱氏收取工程款项一万九千四百四十两，余下的六千五百二十四两未收，有贴签名为据。

谁知某一天，发包方派人赴新宁县控告朱裔敉溢收银两六千余元，新宁县衙遂即把朱裔敉管押了起来。朱为此去信葡领事穆礼时，恳请葡方照会新宁县衙，以将其尽快释放，并追讨朱炳麒等所还未偿清的工程款项。

新宁县在接到葡领事的照会后，经过盘查，在回信穆领事时称，朱裔敉到案时并未言及其葡人的身份，亦未据将护照呈验，所以中方不同

① 广东省立中山图书馆，澳门基金会，葡萄牙外交部档案馆，等. 葡萄牙外交部藏葡国驻广州总领事馆档案（清代部分·中文）：第二册［M］. 广州：广东教育出版社，2009：36.

意葡方的放人主张。

宣统元年（1909）八月，朱裔敔再次去信葡领事，诉称自己花费了六十元买通门役，逃离了新宁县，而新宁覃知县则将建兴和、建兴祥驻新宁分号无辜司理朱裔勉抓去，同时还要控诉朱基允（朱裔敔说新宁县令认为朱基允是共犯）。因而，朱裔敔请求葡领事馆照请两广总督将相关的人证物证带到省城进行会审，以查究竟，同时希望葡领事要求新宁县将朱裔勉、朱基允二人释放。

宣统元年（1909）十月初四，两广总督袁树勋接葡方照会后回复葡领事，认为本案系属内地钱债纠纷，应照内地民控案办理，其理由是：

惟该奸民朱裔敔抗追不缴，并潜匿，久不投案，理合禀请察核等由前来，当查奉颁国籍条例内载，凡生而父为中国人者，无论是否生于中国地方，均属中国国籍，其中中国人呈请出籍，应其呈本籍地方官详解，请该管长咨请民政部批准牌示，自批准牌示之日始出籍之证。其未经呈请批准者，不问情形如何，仍属中国国籍。又本条例施行以前，中国人有并未批准出籍而入外国籍者，若仍在内地居住营业，或购置及承受不动产并享有一切中国人特有之利益，即视为仍属中国国籍。今该籍民朱裔敔在新宁县属荻海新昌等内地合股开设铺店，是其享受华人利益已久，又无呈请出籍之案，无论该民是否生长澳门，自应仍照华人办理，不能认为葡籍。[①]

至于朱裔敔所领的葡籍护照，袁督进一步指出其弊端：

---

① 广东省立中山图书馆，澳门基金会，葡萄牙外交部档案馆，等. 葡萄牙外交部藏葡国驻广州总领事馆档案（清代部分·中文）：第三册［M］. 广州：广东教育出版社，2009：18-21.

　　该民（按：指朱裔敬）所领游历护照是在该年（1909）二月
间印签，系在该民涉讼以后，明知会有纷争之事出现的前提下，而
瞒报葡领事所填发，其故意之作弊行为，中方不予认可。①

　　他同时敬告葡方，期冀葡领事方面能够即行注销朱裔敬的护照，以
免其一人顶两籍而产生不必要的复杂纠纷与讼断。

　　缘于本案再无下文，我们看不到原告朱裔敬呈禀讨要剩余工料银的
请求是否得到中国官府的支持。不过较为明显的是，该案是一则关于建
筑工程的施工方与发包方在工程完工后因工程款项支付问题而引起的经
济纠纷。案情里，原告朱裔敬认为自己的工程款项尚未结清，需要向被
告追偿，被告朱炳麟等人却认为朱裔敬多收了工程款项，不能再行支
付，因而此纠纷也就形成了互控之势。

五、陈镜川控琼海关税务司催税滋扰案

　　该案始末如下：宣统元年（1909），葡籍商贾陈镜川称其已在通合
洋行上缴完正税，但中国海关仍要其缴纳海防府税、厘金等款目，因此
他向葡总领事馆请求，让琼海关税务司勿再派人收取其他费用（按：
陈称通合洋行在葡总领事已进行注册，按照通商条约规定，除纳正税
外，不应纳厘金）。②

　　随后，葡方照会了中方广东分巡琼崖兵备道兼水利驿务官员俞，俞

---

① 广东省立中山图书馆，澳门基金会，葡萄牙外交部档案馆，等．葡萄牙外交部藏葡
国驻广州总领事馆档案（清代部分·中文）：第三册［M］．广州：广东教育出版
社，2009：21-22.

② 广东省立中山图书馆，澳门基金会，葡萄牙外交部档案馆，等．葡萄牙外交部藏葡
国驻广州总领事馆档案（清代部分·中文）：第一册［M］．广州：广东教育出版
社，2009：193-218.

在分谕税书、海防商董查询后给出了陈镜川必须完税的答复，其理由之一是：

> 陈镜川所称海防府税指的是海口海防经费，府税馆地税两项，惟海防经费系由商董设所，按货抽捐，充夫琼洋师船薪粮等项经费，为保护中外商民而设，无论华商洋商均应纳税，已为成例。而海口府税系落地税课，向来商人贩运货物，如到境落地，须遵章完纳，如有洋商请领三联单照者，须到馆报验盖戳放行，若未领有三联单，照章逢关纳税，过卡抽厘，历奉遵抽有案，通合行陈卜五本系华商，琼山县人，历照轮纳，今年忽扰不纳税，为骗税行为。

他还指出了第二个理由：

> 陈镜川实系华商，以入洋籍为借口，又未领三联单，不纳税反污中方滋扰，此先例一开，势必影响捐务。且近年广东税饷短绌，海防经费收数亦还不如前，显系陈镜川等人妄图以籍商名避税所致。

此外，他告知穆领事传谕洋商，嗣后必须照约章办理。

该案件应该说是陈镜川因在海南贩运货物而引发的中葡官府间为之纳税与否所开展的交涉，也即是，陈镜川认为海南海关在征税方面的处理方式存在问题，自己无力解决，所以才向葡领馆提出控告。究其原委，其实是缘于陈镜川在国籍问题上的争议。毕竟，按照《中葡和好通商条约》的相关规定，如果葡商不在内地采购货物，就不用交纳厘金，亦无须请领三联票。但原告陈镜川后被中方查出实为华民，因此才被要求务必完税。

六、卢华富承办小闱姓案

此案始末如下：卢华富，即卢九，广东新会人，长期旅澳营商，又在内地从事博彩业。他在光绪十四年（1888）于澳门加入葡萄牙国籍，并自光绪二十四年（1898）起陆续取得清政府盐运使、道员、二品顶戴等职衔，随后组建宏远公司以承充全广东省的小闱姓博彩业。卢九在承充小闱姓期间上缴了各种款项，共计值银数百万两①，原本相安无异的承充事宜在后来被打破。②

光绪三十年（1904），时理两广总督岑春煊突然下文，强制命令卢九不能再继续承充广东小闱姓博彩业。卢九得知后，深感委屈，他认为自己的办馆期限未到，利益又蒙遭巨损，因此去函葡领事，控告岑督不要他继续承充小闱姓之举。

葡领事接诉后，反响积极，数次照会中方，并替卢九索要赔偿。在中葡双方反复不断的交涉中，卢氏的国籍问题成了彼此间唇枪舌剑的关键点。

当然，广东官员始终不承认卢九的葡萄牙国籍，认为葡方不应该插手过问，因为这关涉到中国的内政事务与主权议题，而葡领事方面自然也没有善罢甘休，拿出了葡国大君主签字同意卢九入籍葡国的御批以作证明。只不过中方并不以此为然，同时又说，卢九之事与中葡交涉无关，还进一步提出了要求葡方取消卢九葡籍资格的意见。

随后，葡国派出外交清差专使，以发长文的方式致函大清外务部，

---

① 林广志. 澳门华人巨商卢九与广东小闱姓饷项纠葛 [J]. 中国经济史研究，2007，（2）：82.

② 广东省立中山图书馆，澳门基金会，葡萄牙外交部档案馆，等. 葡萄牙外交部藏葡国驻广州总领事馆档案（清代部分·中文）：第十一册 [M]. 广州：广东教育出版社，2009：267-427.

希望获取解决方案，并让清廷中央政府秉公偿还卢华富应得之所有费用（含加缴款项及利息）。① 只是大清外务部在复函中以与岑春煊相同的理由驳回了葡方的主张，其既不承认赔偿，也不允许卢氏继受小闹姓。

"卢华富承办小闹姓一案"如果从本质上来讲，可以说卢九控告的是广东地方官员。案件中，我们看到了卢九所交的巨额承充费用，这是卢九遵约照缴行为的真实写照。而面对两广总督岑春煊的无故禁令之举，卢九为讨公道，只好借助自身的葡籍身份，将整个事件"闹至"成中葡中央政府层面的交涉。

仔细想想，卢九应该是出于无奈而为之，因为作为一个合法经营的商户，最后得到如此的结果，想必换做谁，都是无法接受的。只是，商户商铺控告官府、控告官役（民告官）的行为，其结果往往是：在法制不健全，甚至有法不依、藐视法律到了虚设粉饰且还肆无忌惮的明清时期，不仅在法理上难以取得胜诉，在实际利益方面更是机会渺茫。②

七、陈善卿杉排被扣案

该案始末如下：宣统元年（1909）的三月十九日，葡籍商人陈善卿为杉排被扣一事专门致信葡总领事穆礼时。据陈善卿称，他的万安号打算将总价值十余万元的两帮杉木由广西柳州运至广东进行发售。其在三月十二日行至肇庆所属黄江税厂江面时，被关员告知需要上税一千两左右。三月十四日，当他准备照章缴税之际，该关关员又突然不按照章规办事，要求陈善卿多交税银，陈便当场与他争论，因为他认为这分明

---

① 广东省立中山图书馆，澳门基金会，葡萄牙外交部档案馆，等. 葡萄牙外交部藏葡国驻广州总领事馆档案（清代部分·中文）：第十一册［M］. 广州：广东教育出版社，2009：428.
② 范金民，等. 明清商事纠纷与商业诉讼［M］. 南京：南京大学出版社，2007：322.

系"违章苛勒"。①

后来，争辩结束，陈善卿发现自己的两帮杉排居然被关员扣留于江域最险的位置，他因此向葡国驻广州领事官控诉，希望葡方速电肇庆黄江税厂，将他及其所携带的货物立即放行。

本案中，原告葡籍华商陈善卿实际上控告的是肇庆黄江流域的海关关员，原因是该关关员强制其多交税费，这与陈镜川和卢九之案件如出一辙，他们皆将中国广东官员当成了控诉对象。此种举动虽然与纯粹的商事纠纷大相径庭，但却反映出商主体因商事活动而牵涉出的特殊案件（与官员的纠纷），这是需要看到的。

八、黄二士货物被扣案

光绪三十二年（1906）七月初一日，葡籍商人黄二士为货物遭汕头报效局（税务局）扣留之事，向葡总领事送达了禀文。据黄二士说，他是贤利记成春洋行店主。有一天，他去汕头进了五件棉纱，本银七百元，在缴完关税后，突然被汕头厘金局（税务局）勒捐兜货。为此，他向葡总领事进行了控诉，并提议让葡方"迅赐电致汕头报效局总办黄镇台饬将原货即日送还，以后勿再滋扰"。② 黄二士给出的理由如下："惟洋商货物向来免抽，厘金一经完足税饷，任意行销。今加报效名目，应与洋商无涉。况现在各洋籍商行均无抽捐，独劝本行，甚至兜

① 广东省立中山图书馆，澳门基金会，葡萄牙外交部档案馆，等．葡萄牙外交部藏葡国驻广州总领事馆档案（清代部分·中文）：第六册［M］．广州：广东教育出版社，2009：235.

② 广东省立中山图书馆，澳门基金会，葡萄牙外交部档案馆，等．葡萄牙外交部藏葡国驻广州总领事馆档案（清代部分·中文）：第十一册［M］．广州：广东教育出版社，2009：221.

货，实为有碍条约，贻害无穷。"①

　　档案并未记载关于中葡官府对该案的审讯过程及处理结果。但就该纠纷发生的原因而言，我们可以清晰地看到："黄二士案"与前文提到的"陈善卿杉排被扣案"极其类似。亦即是说，中国汕头税务局要求"洋商"黄二士"加税"②，甚至兜货。这才引起了黄二士的不满，黄遂发起控告，以求葡方照会中方，要求获得放行。

九、小结

　　综上而述，在"其他纠纷"一节里，我们窥视到了诸如船碰纠纷、船舶扣押纠纷、工程款支付纠纷以及商主体因商事活动所牵扯出的特殊纠纷等内容。只是因为"谭清溪一案""陈谷案""朱裔敬涉案"在《葡领档案》中仅为个例而被放置于此外，其余多个案件均为官民之间的纠纷。就"民告官"的缘由，基本上都是因地方官员搜刮民脂民膏而有损原告的相关利益与权益所致。正惟如此，这些商主体才为反抗官府官吏而借助自身葡国公民的身份来向葡国领事馆发起控诉。陈镜川、卢华绍、陈善卿及黄二士等葡籍华商无不云云。而"民告官"的压力或许也是葡籍华商们不得不采取控告的另一原因，有关涉案的最终结局恰好证明了在民对官的纠纷与诉讼中，百姓一方所暴露出来的力不从心。

---

① 广东省立中山图书馆，澳门基金会，葡萄牙外交部档案馆，等．葡萄牙外交部藏葡国驻广州总领事馆档案（清代部分·中文）：第十一册［M］．广州：广东教育出版社，2009：221.

② 中方官员之所以会"有违中外条约"，强征勒税，极大可能性是他们并未将葡籍华商当作真正的洋商，即中方官员对葡籍华商在境内非通商口岸营商生意时，采用的征税政策及其态度与内地华民大体一致，以及葡国及其籍民并不享受除"五口通商城市"之外，"各列强"在其他口岸能够享有的权益。"陈善卿案"中的肇庆市及本案中的汕头市均不属于"五口通商"范畴。此话题将在后文继续探讨。此也系中方官员高度民族共同体意识的体现。这值得关注。

第五节 本章结论

将有关委托、侵占、图诈以及其他类型的葡籍华商商事纠纷放在本章一起做形态上的考察，是因为这些商事纠纷的复杂程度更大。它们在与第二章所论述的货款、借贷和产业类型的商事纠纷进行比较时，其案情与性质更趋疑难，被告的犯罪意图及违法行为也愈加恶劣。

其中，委托类商事纠纷虽然是由被告的"见利忘义"行为所造成，但实则却是严重地伤害了原告的感情，以至于他们纷纷采取了维权行动。侵占与图诈类的商事纠纷就现代法学而言，或多或少都还牵涉到刑事法律的内容。侵占纠纷多是由合伙人或者是与利益攸关的第三人非法侵占所导致，图诈纠纷则主要是因图诈方以各种手段来骗取不属于自己的利益或是不按照商事往来的行业规定来兑现承诺而有损原告利益所引起。当然，前者的案情牵涉到多个方面，而后者的被告人在犯罪意图上更加明显，行为也更为恶劣。

另外，针对其他类型的纠纷，大体上是因商主体的商行为遭到特殊客体（官府官吏）限制，难以与之进行抗衡所形成的案件，也就是通常所言的"民告官"。

第四章

葡籍华商商事纠纷之理处

葡籍华商商事商事纠纷之理处晚清时期，大量在澳门从事商业活动的华人为了谋取在经济上的利益，开始选择到内地与内地民人通商生理，[①] 澳门葡籍华商在其中占据了较大比例。因此，当彼此间为生意之事出现争执时，各类纠纷也就不可避免地发生了。

著者在整理《葡领档案》时发现，这些商事纠纷要想得以解决，通常情形下会存在四种方式：一是径行诉讼；二是中葡官府的理案交涉；三是商会的介入处置；四是原被两造所采取的"私和"。当然，这四种解决纠纷的方式常常既相互渗透又各自独立，例如葡籍华贾在向葡领事进行控告后，中葡间便展开"交涉"，而中国官员在进行理案审判之余，还会采用调解来化解事端。[②]

基于此，本章就接着用葡籍华商商事纠纷实例来对相关问题进行说明，以窥得这些纠纷解决方式实现的可能性。

---

① JAIME DO I. Macau：A Mais Antiga Colónia Europeia No Extremo-Oriente ［M］. Macau：Escola Tipográfica do Orfanato，1929：76-82.

② 关于解决纠纷的手段彼此间既相互渗透又互相独立的问题，这里仅用了"官府调解"的情形为例。正文针对此种情形只分析了不同的解纠手段之间存在的交互性一面，其独立性则表现在案件得以解决的方面，即官府所进行的调解发挥了实际上的作用。当然，还有其他几种情形，我们可在参阅本章的相关内容后，进行以此类推的分析。

第一节　径行诉讼

一、概说

现实中，但凡当事人不想以调解或仲裁的方式来解决纠纷，或者是不服相关调解或仲裁的结果，而向政府机关提起诉讼，要求用诉讼的方式来解决彼此间的矛盾，就成为处置纠纷的另一种形式。可以说，当事人为解决纠纷向政府机关直接进行起诉的行为其实是整个案件全过程中的最初一环，对于"诉讼"一词的界定，本质上也涵盖了这种行为。所以，首先有必要理清楚诉讼的含义。

在现代，"诉讼"的概念指的是当事人应该享有的且不容侵犯的权利遭到不法行为侵害或与他人发生利益争执以及有犯罪活动产生时，公民个人或具有公诉权力的机关经由向人民法院提请审判，人民法院依法对该纠纷进行审理并予以判决的活动，其目的是使纠纷得以解决。①

我国古代"诉讼"一词的含义，是由"诉"与"讼"两者构成，将其拆分后便生成了"诉"与"讼"两个字。从望文生义的卜辞造字视角来看，"诉""讼"都属言旁，言的本义为说话，但"诉"依"斥"（An）声，"斥"原指河岸、回溯，"诉"的结构就由"言"和"斥"组成，示意为回溯案情，陈述原委；"讼"按"公"声，"公"原取（讲）公道、（存）公理、（求）公断与（要）公正无私之义，"言"和"公"就组合为"讼"，当争论是非曲直的释义来讲。若将二字联用，就表达成涉案两造当事人向官府的执法部门进行案情经过的陈述，并在

---

① 樊崇义．刑事诉讼法学［M］．北京：中国政法大学出版社，2012：1.

公堂上争辩是非曲直的用意。

清末，基于清政府的"引法补律"，中国法律上开始明确以"诉讼"一词来表示起诉人"打官司的全过程行为"，即由一方告诉、告发或控告，由国家的权威机构（官府）解决控方与被告方的争议或纠纷的活动。①本书同意该观点，并提前进行一点说明，下小节将谈到的"官府调解"，实则与"诉讼"有着明显区别：（官府对诉讼案件的）审判具有很大的权威约束力，一旦终审判决，无需经由当事人的同意而两造必得各自遵律执行其应担当的义务，案子被再次翻案的情形就显得不多。（官府）调解需要另当别论，当事人觉得调解有失公允或缺少有利于自己的迁就性因素时，完全能够向官府再行诉状。②

可见，"官府调解"的法律效力不及"诉讼"，而"诉讼"的翻案概率又明显低于"官府调解"。当（官府）调解实施无效时，法律诉讼的作用就凸显了出来。

诚然，《葡领档案》里所收录的葡籍华商商事纠纷案件一般都是由葡籍华商先行向葡领馆控诉，葡领馆再发函给中国官府，同时提出自己对该案件的某种看法与要求，并让中方速速查案解决，清朝官员在接案后才开启的解纠之途。③

话说这与中国五口通商以降，西人获得的"领事裁判权"及其中西会同审判制度有关。

所谓"领事裁判权"，即治外法权，是指一国在它国境内所行使的

---

① 王艳、袁继红. 刑事诉讼法［M］. 杭州：浙江大学出版社，2007：2.

② 滋贺秀三教授指出，"法律本是基于情理而定的，所以依据情理，并不必然归结出无视或轻视法律"，而"在一些国法认为不必要介入的领域，人们也经常提起诉讼或申请，要求国法的介入"。［日］滋贺秀三，等. 明清时期的民事审判与民间契约［M］. 王亚新，等，译. 北京：法律出版社，1998：39. 由此可知，情理（调解）虽是法律（诉讼）的基础，但当情理（调解）无法实施（无效）时，法律（诉讼）的作用就凸显了出来。

③ 这与第一章所言的"葡原华被"涉案情形占据档案核心地位的事实相符。

管辖权，其重点指向的是各列强国在中国设立的领事法庭、领事法院以对它们所属侨民的权益保护为目的的司法管辖权。① "会审制度"则是晚清时期西国利用侵犯华夏领土主权，在与中国清朝当局签订一系列不平等条约后，其领事所能攫取到的能够与清朝地方官员共同审理华洋纠纷诉讼案件的一种特权制度，它是西人赤裸裸地利用"领事裁判权"的表现，也是中国半殖民地半封建化进程加快的一大罪证。美国人顾盛（Caleb Cushing）曾对英葡两国在中国获得的"领事裁判权"做过评论，他认为，鉴于英国人与葡萄牙人在中国都有自己的审判权力，如果美国在华侨民要完全服从于中国的管辖，而出现在他们周遭的英人、葡人则可以置身事外，那么他们会为此感到无比可耻。②

顾盛的话，一方面强调了"领事裁判权"给各列强国所带来的好处，美国理应效仿外，同时也表达出美国人对于"会审制度"的渴望。关于"会审制度"，此处还需做进一步说明。

1843 年，中英两国政府联合公布的《中英五口通商章程》反映出英国人攫取中国"治外法权"是真，谋求会同审理中西混合案件是假的实情，中西会同审理制度的概念由此得以在中国第一次被正式提出。该章程第 13 条款曰：

> 凡英人控诉华人时，应先赴领事处陈述，领事于调查所诉事实后，当尽力调解，使不成讼。如华人控诉英人时，领事均应一体设法劝解，若不幸其争端为领事不能劝解者，领事应移请华官共同审讯明白，秉公定断，勿滋诉端。至于英人如何科罪，由英国议定章

---

① 李贵连. 沈家本传［M］. 北京：法律出版社，2000：169.
② 吴孟雪. 美国在华领事裁判权百年史［M］. 北京：社会科学文献出版社，1992：53.

程法律发给领事照办。华民如何科罪，应以中国法论之。①

随后，中法《黄埔条约》干脆不区分两造孰为原告，谁为被告的情况，直接把"会同审理"说成是两国民人"若遇争讼，领事官不能为之调停，即移请中国官员协力办理，查核明白，秉公完结"②。

1858 年《天津条约》中的第 16 款与第 17 款均又对中英实行的"会审制度"进行了再界定，但其概念仍然模棱两可。直到 1876 年中英《烟台条约》才表露出何谓"会审"的详细用意，其第二条第三款言：

> 凡遇内地各省地方或通商口岸有关英人命盗案件，议由英国大臣派员前往该处观审。此事应先声叙明白，庶免日后彼此另有异辟，咸大臣即将前情备文照会，请由总理衙门照覆，以将来照办缘由声明备案。至中国各口审断交涉案件，两国法律既有不同，只能视被告者为何国之人，即赴何国官员处控告；原告为何国之人，其本国官员只可赴承审官员处观审。倘观审之员以为办理未妥，可以逐细辩论，庶保各无向隅，各按本国法律审断。③

显而易见，"会审制度"的内涵在这里得到明确。此外，"会审制度"采取的是"原告就被告原则"与"观审制度"。"原告就被告原则"指的是在中国享有"领事裁判权"的国家，其侨民与中国民人之

---

① 孙晓楼，赵颐年. 领事裁判权问题：下册 [M]. 北京：商务印书馆，1936：166.
② 王铁崖. 中外旧约章汇编：第 1 册 [M]. 北京：生活·读书·新知三联书店，1982：62-63.
③ 王铁崖. 中外旧约章汇编：第 1 册 [M]. 北京：生活·读书·新知三联书店，1982：438.

间所发生的纠纷与诉讼案件，原告为洋人，被告为华民的情形，由中国法庭依中国律法审判；反之，则用涉案西人的本国法律审判。

而"观审制度"则旨在说明原告所属国的相关官员有权前往被告所属国承审官员处进行"观审"，如果观审官员认为审判有不妥之处，可以提出新的证据，甚至参与辩论。

不过，随着这种观审制度垂垂推及各处，中国的司法主权不断被西人侵蚀，时人赵尔巽的一席话就点明了此种制度的危害性，其曰："外人不受中国之刑章，而华人反就外国之裁判。"① 因此各列强国通过"观审"的方式，既在会审中尽全力维护了以本国侨民为原告的涉案当事人的权益，又最大限度地保护了以他们为被告的既得利益。因之不难看出，就本著作探讨的澳门葡籍华商商事纠纷案件的审判权事实上应该主要归中方所有，而葡籍华商们一遇纠纷就向葡领事进行控诉，恐怕是他们想通过以官断形式（诉讼）与仰仗葡籍优势而做出的"维权"行为。

二、许若苏控董子安拖欠货款事

宣统元年（1909）六月十九日，大西洋籍华商许若苏（广州永兴海味行店东）就荣昌海味店东主兼司事人董子安提货不付货银六百零一两五钱而借诈逃回原籍地广东省三水县之事向葡领馆进行状告，请求葡领事照会广东三水县衙门严拘董子安并封产其业以作变抵，好追回其所欠之债务。

葡方接诉后，于七月初二日第一次发出照会予三水县一方，要求追查县民董子安，可三水县始终没有回文，于是葡领事再三催函，亦没有得到任何答复。无奈之下，葡国领事只好照会广州知府，希望广州知府

---

① （清）赵尔巽. 清史稿·刑法三［M］. 北京：中华书局，1977：4216.

派专人赴三水县提拿董子安，查办其所欠许若苏之款项。广州府闻讯后，札饬三水县速速就办。

在此期间，许若苏又向葡领事穆礼时控称，董子安因为亏欠各商行银两巨多，所以打算以妥议清还（适当商量给付）的方式来清偿其所欠各家之银款，本着体恤之情，他亦表态签字。谁知该协议里存有"折成摊收"的字样（平摊会招致许若苏应获之收款受到损益），对此他认为自己因遭受蒙骗而签，他要中国官府责成董子安按原价弥赔。

鉴于三水县充耳不闻的态度，广州知府严官员开始涉足理案。宣统二年（1910）三月初一日，他将自己对于案情的查办及其处理的结果反馈给了葡方，表明了中方的严正立场。据严姓官员所查得知，董子安所开荣昌海味店亏欠各家商号银两数目甚大，后经协商，债权方们（包括许氏一方）准许董子安或分五年半止息摊填或折成减收，同时以签字盖章的形式来达成协定。为此，许若苏表达了自己所谓的意见：

> 签字不过允其妥议清还，并非允其折成摊收，又称货价允否折成，乃各商家自由之权，不能强令从同。①

该官员对此意见进行了驳斥，觉得许若苏故意悔约，要赖泼皮，生造事端，其曰：

> 夫在社会交际，之所以有签字一法者，必其对于人之一方面有特别允许之意，深恐或有反悔，故须签字使永兴店于折成摊收两层办法结皆未允，则但须向索清还，何用签字，且债主对于债户，责

---

① 广东省立中山图书馆，澳门基金会，葡萄牙外交部档案馆，等. 葡萄牙外交部藏葡国驻广州总领事馆档案（清代部分·中文）：第三册［M］. 广州：广东教育出版社，2009：34.

其清还，原系寻常办法，如果永兴店于折成摊收两层办法皆不允许，则亦何用妥议盖章。①

另外，他更是进一步否认了许氏的这种行为：

> 议事之赖乎者，必其于寻常办法有以阻碍难行，故须妥议，别筹一相宜之法，以处理之。②

故而，严认定既然永兴商号主在契约中签字确认，合同当之有效，悔约之理不应成立，许氏理应承担董子安折变之果，并非强令从同也。至于许若苏所提的封产变抵之求，严直言毫不必要，他饬令许若苏遵照议定，静候永兴店协同被欠各海味同行妥议办理，"应毋庸议"。

该案到此缘于材料的不完整性而收尾，使得我们无法从中窥视到关于广东地方官员讯断案件的详细情形，譬如广州知府在查审时，涉案双方有无到堂受审、纠纷是否最终获以完全解决以及作为初审机关的三水县官员为何不闻不问等情况。

但不管怎么说，中国官员应该会依法对此纠纷做出一个相对合理的判决，毕竟合同作为一种法律依据，一经当事人签字盖章，其法律效力就产生了，签字的当事人就必须对合同内容负责。

---

① 广东省立中山图书馆，澳门基金会，葡萄牙外交部档案馆，等 . 葡萄牙外交部藏葡国驻广州总领事馆档案（清代部分·中文）：第三册［M］. 广州：广东教育出版社，2009：37.
② 广东省立中山图书馆，澳门基金会，葡萄牙外交部档案馆，等 . 葡萄牙外交部藏葡国驻广州总领事馆档案（清代部分·中文）：第三册［M］. 广州：广东教育出版社，2009：37.

三、司徒斌控杨秀轩垫饷未清偿事

宣统元年（1909），葡籍华民司徒斌称，他与司事冯桂裕用诚安（实际挂牌的名字是诚和）公司的名义向广州西关缉捕经费宏裕总公司承充黄沙段经费，到日开办。

某天，馆主杨秀轩拆毁了满源等馆，造成司徒斌垫款甚巨。在经得宏裕总公司与巡警的同意后，由他负责出资修馆营运，并以租抵垫（饷）。

后来，西关（荔湾）经费改由隆盛公司承办，司继续与之用"以租抵垫"的方式进行合作。因现值办期将满，垫饷仍未清还，所以司徒斌控讼至葡领馆，要求葡方照会中方问讯并勒令杨秀轩缴清其所垫付之费用。广东巡警道王秉必接葡照会后随即札饬西关第十分局办理，其后又札饬南海县遵照办理。

由于南海县未做及时处理，葡领事开始照会广东巡警道。宣统二年（1910），广东警务分公所高觐昌在查理此案时称司徒斌曾因滋闹电话局送案，并且他本人当时亦说自己系广东开平县人，而不是大西洋籍人，何况其所承办之诚和公司番摊赌馆亦系中国人营业。因此高警员认为此案关涉中国内政，适合拟照大清的国籍律法来处理，敬请葡领事毋须叠次来札：

> 查本国讯问案情，向以本人到案初供为凭，若照来函办理，将来擒获匪盗到案供认之后，冒入外籍即可不认初供，任意狡脱，流弊甚大，实于本国内政主权有妨碍，本道未便承认，……按照国籍条例，司徒斌属中国人，……查国籍条例，系限制本国人民之法

律，本与第二国和约无涉。①

于是，他将司徒斌控杨秀轩案发开平县及籍省城之南海、番禺两县将两造带到细办。

尽管该案尚未有结案记录，目前最多也只能算作是中方的一个表态，但此纠纷如有后续的审判内容，那么中国官员若参照《大清国籍条例》来进行判决，亦能够令人信服。如此一来，司徒斌想要获得本控案的胜诉，难度就明显增加了。

四、荣泰银号案

该案始末如下：② 光绪年间，西洋籍商人曹善业在省垣张设荣泰银号。该银号于光绪二十六年（1900）闰八月二十五日立合同，由曹善业、傅心元等八股凑集资本银二万二千两在省城太平街开设，付揭汇总银两倾硝纹银生理，由冯秩逵司理铺中事务。

因诚义堂与忠爱堂等合办海防经费差钱，所以在光绪二十七年（1901）的五月初七日，由惠泰公司股东陈濯江代表诚义堂等出面向荣泰银号（经冯秩逵之手）借银二万六千元，陈濯江立有借单，并"将善后总局该收（陈）按饷十万元印单一纸作为按"，同时约定务必在两月内偿还债务。

后来，因为两堂东主突生矛盾，导致债务无法偿还，荣泰号冯秩逵开始追讨。同年十一月初八日，代为借款人陈濯江告诉冯秩逵如果能将

---

① 广东省立中山图书馆，澳门基金会，葡萄牙外交部档案馆，等．葡萄牙外交部藏葡国驻广州总领事馆档案（清代部分·中文）：第一册［M］．广州：广东教育出版社，2009：463-466.

② 广东省立中山图书馆，澳门基金会，葡萄牙外交部档案馆，等．葡萄牙外交部藏葡国驻广州总领事馆档案（清代部分·中文）：第九册［M］．广州：广东教育出版社，2009：99-109.

按饷单交还给他，他可以向两堂追讨巨款。然而，冯秩逵交回陈的按饷单后，借款却始终未能收回，冯秩逵遂向广东南海县宪控追。

十二月二十一日，南海县宪传冯秩逵到案，要求他上缴出借证明以及陈濯江的按饷单，并将冯暂押候审。曹善业等人在得知此事后，向葡总领事发出请求，要葡方函告南海县宪，立即释放冯秩逵，同时将该案移交广东省查办。同一时间，广州银号行会的当年执事万祥、合益、禄荣、昭源、同和、建昌等联合禀奏南海县政府，希望能够释放冯秩逵，并讯追借款方陈濯江等人。

据现有档案记载，是否释放冯秩逵并追回借款，档案并无结果，但该案件成控涉讼已经成为事实。

第二节　中葡官府的理案交涉

葡籍华商商事纠纷的解决方式，除了"诉讼"以外，还有第二种方式，即中葡官府的理案交涉。其大致由两个方面来构成：其一是葡国领事官与中国方面所进行的函催交涉；其二是葡方在提出交涉后，由中方广东官员所做出的调解。

一、葡方函催交涉：清政府"泛外交化倾向"的处纠之态

鸦片战争以降，中国境内各港埠大开，外国人屡进频出，贸易流行，大凡华洋民商事、刑事之活动，外国领事无不涉及。发展到十九世纪中后期出现的西人驻华领事官联动中国地方官员实行的中西混合案件会同审理制度，更使得列强在保障本国商民人身财产利益的同时，也为其破坏中国司法制度的完整性上演了一幕堂而皇之的表演。

大清帝国与各列强国订约立条，虽从不平等条约中体认到了与他国

进行交往的各种规范，但这样的规范又总是让清政府在与洋人打交道的过程中深陷到一个受"泛外交化倾向"困扰的怪圈当中。当然，这也是大清当权者们不谙国际法知识所造成的结果。因此，研究晚清涉外纠纷与诉讼问题的姚之鹤就宣称：

> 勿混华洋诉讼为交涉，诉讼为两国国民相互之事，而交涉为两国政府交涉之事，性质本是不同，前清外交失败，多由于此。①

可以说，误把中西民人间的一般纠纷（因民间交往所导致）视作必须由国家发出的外交意志而与外国人进行沟通与协商，其实也让中国的国家权力，尤为是司法审判权最大限度地被西人攫取。

英国前驻日本大外交官萨道义（Sir Ernest Mason Satow）曾对"外交"的概念做过解读。所谓外交，在他看来是指：动用智识和机制处理各独立主权国家政府之间的官方关系，有时也推广到这些独立国家和附庸国家之间的关系；或更通俗地说，它是指以和平的手段来处理国与国之间的事务。② 换言之，做出外交行为的主体必须是具有代表主权国家意识形态资格的官方机构，其存在的目的就是要实行国家的对外政策，进行诸如访问、交涉、发出外交档、缔结条约和参与国际会议等对外活动。

不可否认，因为清政府的误判，使得西人领事有机可乘。因此，一些西国领事但凡遇涉由清政府主理的华洋缠案时，他们往往摒弃了自身参与审讯案件的权利，却改由华官独自审判③，即不愿意通过诉讼的形

---

① 姚之鹤．华洋诉讼例案汇编：上册 [M]．上海：商务印书馆，1915：9.

② MALEY W. Quite and Secret Diplomacy [M] //CONSTANTINOU C M, KERR P, SHARP P. The SAGE Handbook of Diplomacy. London：SAGE Publication Ltd, 2016：451-461.

③ 吴颂皋．治外法权 [M]．上海：商务印书馆，1929：266.

式，而是用交涉的方式来为其本国的涉案侨民撑腰，尽可能帮助他们逃脱清律的严惩。

这样一来，在大多情况之下，外国领事官们都会向清朝的地方官府进行照会，打算利用信函交涉的方式来解决华洋纠纷①，清政府"泛外交化倾向"的程度也就被加深了。

而本书论述的澳门葡籍华商与内地商贾之间的商事纠纷，葡国领事官也多以这一方式来要求中国官府解决纠纷，其原因与情形如下所示。

二、轻微案件常以一般性函催方式交涉

葡籍华商案情的轻微，使得葡方遂用一般性的函催方式来进行交涉。以下试举数例说明之。

（一）杨春台呈控邱百福欠款案

光绪三十三年（1907），葡国籍民杨春台向葡领事馆请求控追邱百福等欠款不还。葡方接案后，发函札催琼山县传案讯追邱百福等人，可一段时间过去了，琼山县并未做任何回复。

对此，葡国驻广州领事开始发文照会广东琼崖兵备道，要求其饬令海南琼山县县衙迅速为澳门葡籍华商杨春台控追邱百福等欠款一案做出及时处理。

在此期间，原告杨春台自行前往琼山县署打探，得知琼山县并没有按他与葡领事所提之求提集邱百福等人，于是再向葡领事馆禀控，要求葡领事照会琼山县限期勒追邱百福等人到案。葡国领事馆随后去文琼崖兵备道，该道道台张在接到葡方照会后，于同年的四月再一次催琼山县

---

① 实际上，西人选择用"交涉"的方式是想从外交层面来向清政府及其官员施压。这种情况能够在后文葡领事常言的"固邦交""全大局"等话语中体现出来。

勒差传案究追被告邱百福。①

(二) 生昌泰商号赊货欠款案

葡籍商人郭傅士称，他所开设的友纶源等店被阳江城闸街之生昌泰朱澄波等赊去价值七百七十元的货物，至今尚未收回（此前，生昌泰号被各店呈控，积欠累累，现已停业，早就无力偿还其所要支付的各家欠款）。所以，他向葡国领事馆进行状告，要求朱澄波等人按照"十二街各店如有亏本歇业，向应将该店存货及家具等估价，邀集各债东按照欠数多寡分别摊还"② 之规定，将生昌泰号变卖后的款项，用以偿还友纶源店应得的欠款。

葡方随后去信札饬阳江县同知许南英，要阳江官府速追讨回郭傅士应得之银钱。随后许南英接受了葡方所提之求，饬令朱氏到堂受审。

案例中，因葡籍华商所涉案情并不严重，所以才让葡领事做出了以公函催告的形式来与中方进行交涉的决定，只是这种形式就其性质而言，属于一般性的函催交涉。

毕竟，在《葡领档案》中，类似的函催交涉比比皆是。但因某些葡籍华商的涉案情节较重或葡籍华商具有较高的知名度等，葡方函催交涉的性质也就会相应地发生变化。

三、遇有触犯清律的发函交涉

葡籍华商在纠纷中有触犯清律的嫌疑，迫得葡领事做出"固邦交"

---

① 广东省立中山图书馆，澳门基金会，葡萄牙外交部档案馆，等．葡萄牙外交部藏葡国驻广州总领事馆档案（清代部分·中文）：第六册［M］．广州：广东教育出版社，2009：408-409．

② 广东省立中山图书馆，澳门基金会，葡萄牙外交部档案馆，等．葡萄牙外交部藏葡国驻广州总领事馆档案（清代部分·中文）：第七册［M］．广州：广东教育出版社，2009：165-170．

"全大局"之类措辞的发函交涉。以下试举数例说明之。

（一）林璧光控陈策勋等强吞巨款案

原籍为中国广东澄海，后已入葡萄牙国籍的澳门华贾林璧光与其四叔在汕头合开源成号，后又在湖北汉口开有源成和庄，该庄由股东陈秀山、张连如以及司事陈策勋坐庄。

光绪三十二年（1906），汉口某钱庄有商人前来汕头指控林璧光欠其巨款两万两，澄海县官吏随后拘押了林璧光，同时一并查封了林氏的屋业。因此，林璧光去信葡领事，向葡领事进行禀控，要葡方替他做主，并提出了自己的相关要求：其一，清偿汉口商人之款项不能由他独自承担；其二，让中方立刻释放自己；其三，追责欠公司债务的股东陈秀山与私吞公司钱券的司事陈策勋与因舞弊而欠汉口商人钱债的陈秀山胞弟陈守之；其四，解封自己被中方所查封的房产。

于是，葡领事照会了惠潮嘉兵备道和两广总督。在给署理惠潮嘉兵备道调补高雷阳兵备道兼管水利驿务沈的信件里，葡方措辞十分强硬：

> 速刻放还本国籍民，解封伊产业，抓查陈策勋一干之辈，悉心妥办林璧光受屈被告押一事，……呈公明，固邦交，……准此。①

据此，葡方向中国官府表达了自己强硬的立场。显然，葡领事十分重视林璧光所涉的案件，竟然会为籍民而做出关涉到中葡两国交往的声明。侯后，为释放林璧光，葡领官还派出委员罗沙露、卢逸波等前来潮汕会商，以便找到应对之策，不过其所提之意见均遭到了中方的回拒。

该案后来遭到延宕，林璧光最终病死狱中，其妻林翁氏则继续向葡

---

① 广东省立中山图书馆，澳门基金会，葡萄牙外交部档案馆，等. 葡萄牙外交部藏葡国驻广州总领事馆档案（清代部分·中文）：第一册 [M]. 广州：广东教育出版社，2009：233-234.

方请求保护。时任广东巡抚兵备道台袁因林璧光已故，做出"查封陈秀山等人产业，追出银两，转给林翁氏收领以作赡养费"的判决后，该案才算得到解决。

（二）许若苏呈告董子安拖欠货款案

宣统元年（1909）六月十九日，葡籍华商许若苏（广州永兴海味行店东）就荣昌海味店东主兼司事人董子安提货不付货银六百零一两五钱而借诈逃回原籍地广东省三水县一事向葡领馆进行状告，他请求葡领事照会广东三水县衙门严拘董子安并查封其产业以作变抵。

葡方接到控诉后，立刻照会了三水县宪，要求追查县民董子安，可三水县置若罔闻，始终不当回事。于是葡领官便向广州知府发起照会，希望广州知府派专吏赴三水县提拿董子安，查办其所欠许若苏之款项。照会中，葡方斥责了三水县官府对此事置之不理的行为，并表达出唯有缉拿董子安，才能维护商业的正常秩序而固得彼此间邦交的态度，其言：

> 似此举动，实属有违条约，大碍商情，兹特照会贵府，希即派员前赴三水县，守提董子安到省严追给领，以维商务而固邦交。①

广州知府严为此展开了初步的查办。在查案后，他认为许若苏故意悔约，要赖泼皮，生造事端：

> 夫在社会交际，之所以有签字一法者，必其对于人之一方面有特别允许之意，深恐或有反悔，故须签字使永兴店于折成摊收两层

---

① 广东省立中山图书馆，澳门基金会，葡萄牙外交部档案馆，等．葡萄牙外交部藏葡国驻广州总领事馆档案（清代部分·中文）：第三册［M］．广州：广东教育出版社，2009：29-30.

办法结皆未允，则但须向索清还，何用签字，且债主对于债户，责其清还，原系寻常办法，如果永兴店于折成摊收两层办法皆不允许，则亦何用妥议盖章。①

随即，他按照相关的商业习惯与律法判例，做出了"双方协定之内容既然已经签字盖章，合同当然有效"的断定。

（三）刘有庆控饶氏晋华庄欠款案

据西洋籍商人刘有庆在光绪二十九年（1903）闰五月向葡总领事官所提起的禀控称，他在佛山镇汾宁里合聚店投资经营布匹生理，已经与晋华商号合作多年，彼此相安无异。

孰料在当年，合聚店先后揭钱共计一万八千六两正给晋华庄，晋华店东饶鹿生、饶衍万兄弟突起不良意图，竟串同叔伯兄弟等将晋华号店货物分别搬迁至干泰号饶祐屏、谦记号饶子尧、开汇号饶东凤等处另作生理，同时关闭了晋华庄店面。故此，刘有庆请求葡领事照会督宪札饬按名拘案讯追饶氏晋华庄东主等人，并希望查封变抵其产业，以作还债。

葡总领事为刘有庆控饶氏晋华庄借款不还一事去信两广总督岑春煊，提出了如下主张：

照会贵部堂查照迅请札饬兴宁县务将晋华店饶鹿生、饶衍万，乾泰店饶祐屏，谦记号饶子尧，开汇号饶东凤等拘案押令，清还查

---

① 广东省立中山图书馆，澳门基金会，葡萄牙外交部档案馆，等. 葡萄牙外交部藏葡国驻广州总领事馆档案（清代部分·中文）：第三册 [M]. 广州：广东教育出版社，2009：33.

封变抵给领，以归血本而全大局。①

中方官员岑春煊经理案后，分别于光绪二十九年（1903）闰五月十八日和六月二十六日两次做出函复，认为该案之原告刘有庆在内地享有置业，国籍存在明显的问题，佛山也并非通商口岸，因此不能够将本案当作中葡交涉事件来处理。

上述三则纠纷案例，因为葡籍华商似乎都有触犯清政府律法的嫌疑，案情也显得相对严重与复杂，所以葡方才会意欲将两国商民之商事纠纷案件上升至中葡国家层面之交涉事件，并以"固邦交、全大局"之类的犀利措辞来向大清官员施压，要求中方按照葡方所提之请来解决相关涉案，而大清官员为此就不得不与之展开更多交涉。

四、知名葡籍华商所涉纠纷问题交涉更为复杂

知名葡籍华商所涉纠葛，甚易引发更为直接与激烈的中葡交涉。有时，某些较为知名的葡籍人士会因对中国官府所做出的某些认定或判决存有异议，而选择向本国驻华领事官或驻华公使进行告发，以维护自身的权益，这极有可能会把纠纷演变成为中葡两国中央政府层面的交涉事件。② 进一步来说，葡国驻华外交代表往往不会以司法的途径来解决相关葡籍华商所涉的纠纷，而是直接寻求外交方面的努力去向清政府施压。以下试举《葡领档案》第十一册"卢华富承办小闹姓一事"来对问题进行探讨。

---

① 广东省立中山图书馆，澳门基金会，葡萄牙外交部档案馆，等．葡萄牙外交部藏葡国驻广州总领事馆档案（清代部分·中文）：第九册［M］．广州：广东教育出版社，2009：274-275.
② 陈文源．近代居澳华人的国民身份选择与文化认同［J］．暨南学报（哲学社会科学版），2015，（6）：110.

光绪三十年（1904），澳门葡籍华商卢九以两广总督岑春煊突然下达禁令要求其停办小闱姓博彩业为由，将此事控告到葡国驻广州领事馆处。

葡方接到控诉后，曾数次照会两广总督，并替卢九索要赔偿，只是葡方的提议遭到了两广总督的回绝。

后来，葡国派出外交使节，专程发长文致函大清外务部，希冀获得解决方案，还让清政府秉公偿还卢九应得的所有费用（含加缴款项及利息）。① 不过，大清外务部在复函中以与岑春煊相同的理由驳回了葡人的主张，不许卢九继受小闱姓。

"卢九案"到此结束。可以说，像卢九这样具有较高知名度的葡籍华商，葡国一方相当重视。在案件中，我们看到了葡国为卢九所做出的外交努力，将一起原本普通的华葡商事纠纷演变成了一件复杂的中葡中央政府层面的交涉事件。追究葡方为之努力的原因，恐怕是既有卢九对于澳门经济与社会发展所做的巨大贡献，又有他对于澳葡政府的重要性。

上述案件中，不管是葡籍华商涉案情节复杂与否，还是葡华商是否具有较高的知名度，葡国领事官都会以函催的形式来与中国官府进行交涉，要求中方查办解决。

说实话，葡方的所作所为一方面体现出想要用交涉形式来解决纠纷，以达到其维护籍民权益的目的，另一方面又体现出其意欲借助清政府误把中葡民人间的纠纷与诉讼视为两国政府交涉而给清政府施压的用心。所以，外国领事的无处不在，就诚如当时的有关舆论发出的感叹一般，辅证了清政府泛外交化倾向的存在："领事官以其如是也，即小事

---

① 广东省立中山图书馆，澳门基金会，葡萄牙外交部档案馆，等. 葡萄牙外交部藏葡国驻广州总领事馆档案（清代部分·中文）：第十一册［M］. 广州：广东教育出版社，2009：428.

亦必见道宪谒抚院。"

第三节 官府调解：地方当权者折中之法

一、概说

中国古代社会，因掣肘于儒家和谐至上的思想观念，人们一旦发生各式纠纷（以民商事纠纷为主，刑事案件未在其中），通常情况下都不会以对簿公堂的形式来解决彼此的问题，"调解"似乎就成了首选之道。

按照现在的定义，"调解"是指当争议出现后，涉案当事人自愿选择第三人来作为调解方，并由该方以劝说的形式来使得涉案各方在互谅互解的基础上化解纠纷的一种方式。而就"调解"的古今内涵而言，基本大同小异，只是"官府调解"这一方式在理论上有出现非自愿选择第三人的可能性。

据学界的研究成果显示，我国古代"调解"的类别多种多样，大体上可以分为民间调解、官批民调与官府调解。其中，官批民调具有半官方性质。美籍华人学者黄宗智就将它解释成一种是在官府受案后，审判者觉得涉案当事人应该遵奉的相关亲情伦理或风俗习惯，而命乡保、族长、里长与商会等进行调处的制度①；官府调解则主要指的是庭外调解。

这里需要指出一点，上述有关"调解"的方式不仅适用于当时晚

---

① 黄宗智. 民事审判与民间调解：清代的表达与实践［M］. 北京：中国社会科学出版社，1998：132-135.

清时期所发生于华华之间的各种民商事纠纷，除"民间调解"外，"官批民调"及"官府调解"也适用于华洋民商事纠纷。

就《葡领档案》记载的葡籍华商商事纠纷来说，可以窥知到有关调解的两种方式，即"官府调解"与"官批民调"。其中，"官府调解"在处置这些纠纷时发挥了重要的作用。"官批民调"则因为个案的存在，故著者将其放到了后文的"其他处置方式"一节再来分析。①

官府调解多数时候都由州县级别的官员来主导完成，且大都以庭外的建言劝语来作为其惯用的理案态度。瞿同祖先生对于清代州县官员（父母官）的权责管辖范围曾做过评议，他指出，就清代的州县地方官员而言，除维持治安外，其最重要的职责就是征税与司法。②

可见，除开最根本性的维稳工作外，做好税收与司法管理工作便成了州县官员们无法回避的职责，而这也间接反映出州县级别以上职衔的官员通常不负责对纠纷进行调解的事实。

至于州县官员所采取的"庭外调解"，其有两大好处：一是环境相对轻松，时间相对宽裕，当事人受到的压抑感不会很强烈，也容易取得较好的调解效果；二是可以保全涉案当事人，尤其是不占情理与法理一方的颜面。

当然，庭外调解本身就是于诉讼过程内所发生的调解，它会具有某种程度的强制性和权威性。其流程是，相关官员先行受案，在依据涉案当事人提供的人证、物证等证据以做出分析的同时，借助于"情（理）""律（例）"，然后发表自己的调解言论，再将此言论传达给涉案当事人。

不过，在相关官员做出调解后，其并不会参与两造的后续活动。如

---

① 在《葡领档案》的全套卷宗中，只有"商会的介入处置"才属于"官批民调"方式。所以，关于"官批民调"，请参见本章第三节之内容。
② 瞿同祖．清代地方政府［M］．北京：法律出版社，2003：31．

果遇到调解意见不能获得任意一方认可，那么两造就可以改用"诉讼"的方式来维护自己的权益。以下试举数例说明之。

二、张甲控陈桐君踞铺拖租事

光绪二十九年（1903），葡籍华商张甲向葡领事馆呈控陈桐君（陈凤翔）踞铺拖租，希望葡领事能够出面向广东南海知县讨要说法，要求中方驱逐现正在该铺经商的李守仁，并将该铺及其租户未交的租金收回。

葡领事在接到诉状后，去函告知南海衙门，南海县官吏王崧就此展开了调查。只是从王知县接手的光绪二十九年（1903）一直到后任南海知县傅汝梅卸职时的光绪三十一年（1905），此案始终都悬而未决，而傅汝梅曾于理案的时候，对涉案两造当事人还专门做过庭外调解的工作。

当时，傅汝梅在经过查办后得知，张、陈二人都存有违背合同的嫌疑，所以他认为不得加罪予现租人李守仁，并给出了自己的意见，以对涉纠当事人进行劝和。傅曰：

> 现租铺者李守仁将家当变卖后才获此铺之顶受权利，可见其用心良苦，若交出铺面，必定血本无归，况且尔（按：指张甲）纵使将该铺收回，暂亦无非租与人。①

此外他也查明："李既情愿以后酌加月租，并将旧租交收，彼此主

---

① 广东省立中山图书馆，澳门基金会，葡萄牙外交部档案馆，等. 葡萄牙外交部藏葡国驻广州总领事馆档案（清代部分·中文）：第七册［M］. 广州：广东教育出版社，2009：92 页.

客各有情谊，似可就此商议了结，（各方）不必再有争执。"①

令人遗憾的是，张甲不同意傅汝梅的调解，选择了隐匿回避，守仁则接受了傅的意见。同时，傅官照会了葡领事，向其提出了关于本次调解的后续看法：

> 如仍不了，即由本县传集讯明实情，分别核断准照前由，相应照复贵总领事官查照办理是所至祷。②

该案件几经跌宕，在耗时三年之后，以张甲做出让步（同意傅汝梅先前的劝和意见），将铺屋续租于李守仁而告终（按：李守仁最后并无续租）。

就该案而言，我们看到了原本争讼不休的张甲在三思后所做出的退让，应该说张甲的这种妥协行为与傅汝梅的调解有较大程度上的关联。南海知县傅汝梅以人性中的"真善美"为出发点，"动之以情，晓之以理"地规劝当事人结案了事，这不仅使当事人明白了相关道理，在保全当事人颜面的同时，还使各方都避免了继续缠讼的可能性。如此的处纠之道，能够取得良好效果亦就不足为奇。

三、张冠卿控叶国等拖租踞铺事

据原告葡籍华贾张冠卿于光绪三十四年（1908）向葡领事的禀控

---

① 广东省立中山图书馆，澳门基金会，葡萄牙外交部档案馆，等．葡萄牙外交部藏葡国驻广州总领事馆档案（清代部分·中文）：第七册［M］．广州：广东教育出版社，2009：92页．

② 广东省立中山图书馆，澳门基金会，葡萄牙外交部档案馆，等．葡萄牙外交部藏葡国驻广州总领事馆档案（清代部分·中文）：第七册［M］．广州：广东教育出版社，2009：93页．

称，伊在省城（广州）西关长寿里门牌九十五号拥有铺屋一间，曾于光绪二十四（1898）年三月，将此铺租予叶国、张业两人经理聚兴隆丝带杂货生意，合同以五年为期限。

到了光绪二十九年（1903），该铺租期业满。于是，张遂找到租户，并提出加租的要求，租户聚兴隆店东叶国、张业却不同意，随后便霸占了铺屋，并拒缴铺租。为此，张冠卿期望葡领官能够照会中国官府，要中方驱赶叶、张二商，或者令其加租。

后来，因中方并未及时查办，张冠卿再次催函葡领事。宣统二年（1910），南海知县王塏对此案进行了盘查，给出了初步的调查意见。王塏说，"该铺原租金只系银陆两余，张冠卿增租至拾余两之多，如今又增至三十元"①，完全是勒索租银，很不合理，并且还对张的国籍与名字提出了质疑，"洋商何以在长寿里置买产业，若系中国人，何得饰词欺蒙本身之姓名"（按：张冠卿在此纠纷中同时又用了张甲之名）。因此，他央浼葡领事即刻饬令张冠卿到庭进行对质，以尽快查办结案。

依目前资料显示，此案无任何处理结果。但这里要说的是，假如该案存有相应的下文，继续由王知县负责讯断此案，那么"调解"亦许会成为他解决纠葛的首选，原因大致上有两点：其一，涉讼会使多方受累，官员也不例外。其二，深受儒家"无讼"传统观念的影响。

王塏在得出第一次理案意见时，就曾对街坊邻里以及商会的言行听闻不忘，续而才认为张冠卿的加租一事既不合"情（理）"，又有悖"律（例）"，他为此还质问道：

　　　　鄙官业闻嗣因坊众李耀记联名数十家，以该店原租银六两余，

---

① 广东省立中山图书馆，澳门基金会，葡萄牙外交部档案馆，等. 葡萄牙外交部藏葡国驻广州总领事馆档案（清代部分·中文）：第二册［M］. 广州：广东教育出版社，2009：465-467.

现张冠卿增租至十余两之多，代为恩复讯并准商会照请前情，复经巡警道宪照复请为调处，料应早已了结。孰知，乃核现函反索租银增至三十元，取价固已过昂，……［况且该］洋商何以在长寿里置买产业？

所以说，尽管此案并无最后的审判情况，可是我们依然能够凭借着中方官员的一席话语以及在传统中国"无讼"文化大背景的先决条件之下，来推知出王知县应该会先行采纳的解纠方式。终归，"调解"比起"诉讼"来，其成本更低，效率更高，双方当事人亦更容易接受。

四、张甲等控陈李济欠款事

光绪二十八年（1902）年七月，张甲、郑沃泉、黄兰生、梁毅卿、梁晓初等葡籍商人控告陈李济药丸店借贷巨额资本屡讨不还，合计本息费用共银一万一千万余两（有字据为证）。正当张甲等人不断向葡领事进行控诉的时候，有梁姓商人愿意出资五十余万元招顶陈李济。张甲等人知悉后，认为该店如果被梁承顶，那么他们就可以将梁所给的招顶费用来做抵陈李济所欠的债款，所以张甲等人再度提出了追讨的请求。

中方在接到葡领事的照会后，高度重视，两广总督德寿积极跟进，几度迅饬南番两县尽快办结。后来，南番二县对该案进行了查办，并做出了让梁姓商人承顶陈李济，其所出的费用用于陈李济还款的决定。梁姓商人也按照官意，履行了有关承诺。

然而有一天，梁姓商人突然向葡领事去信禀诉称，南番二县虽判定让他承顶，他业按章程如数缴足承顶所需的银费四十三万，但陈李济的后人以祖业无归为由，要求他同意将承顶的方式由买受改为有限承包，同时并准允取赎，梁自然未做答应。因承顶一事没有得到解决，也导致了张甲等人讨债一案悬而未决。

因此，张甲等人见陈李济与梁汝湘双方未达成协定，又被陈李济借款近十年，催收近三年，恐还钱仍无着落，于是便在光绪二十九年（1903）请求将陈李济佛山三店关闭，把店内货物变价抵债。

后来，两广总督岑春煊反复催请南番二县按照张甲等人的要求进行查办，双方也终于在南番县府的调解下达成协定，并于宣统元年（1909）解除了债务关系（陈李济偿清欠款），该案得以销案。

要言之，本案能够得到解决，官府所进行的调解依然功不可没，只不过考虑到陈李济欠款数目之大，南海知县在本案中所给出的调解意见是让陈李济"分期偿款作摊派"。当时南海知县虞汝钧在回函葡领事时，就曾直言：

> 经职等前以减息分期摊还，委系出自情愿等词，抄粘合约并迭次照约，依期还过银数，由西洋领事官给回各收条共银四万七千零九十两，沥情禀明在案。①

虞知县会做出如此调解，因由或许有二。第一，张甲等人与陈李济合作多年，或多或少都还存有一丝情分，只是陈李济的欠款又实在过多。第二，该案如若被再次拖延，那么各方还将会持续缠讼受累。

综上而言，由官府主导调解解决的案件，在整个《葡领档案》中相对常见。这种解决纠纷的方式，并不是完全以律法为依据，它注定会掺杂进审判者众多的情感因素考量。加上其本身所具有的某种强制性和权威性，就使得涉案当事人更容易接受。所以，它就此成为一种解决纠纷的较好方法。

---

① 广东省立中山图书馆，澳门基金会，葡萄牙外交部档案馆，等．葡萄牙外交部藏葡国驻广州总领事馆档案（清代部分·中文）：第二册［M］．广州：广东教育出版社，2009：170．

第四节　其他处置方式

鉴于《葡领档案》中商会的介入处置及原被两造以"私和"的形式来解决纠纷的例子并不多见，因此，此处就将二者一并排列又各自分析，以揣摩它们在这些纠纷案件中的独特地位。

一、商会的介入处置

《葡领档案》中，商会的出现对于原被两造控案的解决并未起到实质作用，但我们绝不能因此就去否定它在处理这些商事纠纷时所扮演的特殊角色，即它与官府的互通有无使得其成为官府的帮手。此种情形之下，商会便与政府构成了一个有机的联动整体，它们相互影响，共谋解纠之道。下面，我们以档案第五册中"陈溎瞩与王伯慎之间互争宝庆新街房屋一案"来谈谈商会是如何参与纠讼，替政府分忧的。

光绪三十一年（1905）七月初十日，西洋籍商人陈溎瞩（季祝）向葡领事控告宝生当股东王伯慎（王祖祁）攫取他存放在此的购房红契（指的是陈溎瞩自言伊所买的省城广州太平门外宝庆新街房屋一所的契据），并强行霸占该房产，葡领官在得知后即刻向中国官府去函讨要说法。

此案几经倒复，落到了时理两广总督周馥的手上。周馥同意了葡领事希望商会介入的建言，他饬谕南海县府将原被两造当事人所找来的证人一同前往广州总商进行集讯，并提出商会应该"速将此案凭公妥议完结具报"的要求，同时去信照会葡领事，表达了自己恳请葡领事协助"系为息争起见，即饬令该民陈溎瞩觅举公中人等赴会妥处完结，毋得饰争致滋拖累，是为至要"① 的主张。

事后，广州商会积极参与调和，但只因没有结果，该案又交回了官府。陈湛瞩为此还对商会调和之无能多有抱怨，他说：

> 总领事以该县不凭公理，随即照会前督部堂周，查覆以此案一产两契情节支离，拟交广州商会调处，凭公妥议完结等因及由商会调处，经候熙朝前议，则谓陈湛瞩入宝生当股份，查核各据，均有王伯慎亲笔函件可凭，又有宝生图章给簿可据，似此核验确凿无疑，至附项银两，且有发出单据六张，计银一万九千五百余两总凭据，事迹显然等语，于是王郑穷则变变则通。迨商会仍候熙朝复议，遂涉模棱两可直推本会不能定断，竟将此案覆请官理，可见王郑两棍神通广大，有以驱役虞候。②

该案中，两广总督提出的"商会凭公妥议完结"以及"系为息争起见，即饬令该民陈湛瞩觅举公中人等赴会妥处完结，毋得饰争致滋拖累"等语，虽然是在陈、王二人涉讼期间所说，但却表明了官府"息讼"的态度，至于他要广州商会"凭公妥议完结"，其实也是其在寻求商会的帮助。只不过，商会的后续介入并没有在第一时间将纠纷解决，案子又被官府接手。

这样，官府就与商会形成了一种官府在接受案件后，先将纠纷发往商会，让其施行调处，若调停不理想，再依律进行审判的模式。换句话

---

① 广东省立中山图书馆，澳门基金会，葡萄牙外交部档案馆，等. 葡萄牙外交部藏葡国驻广州总领事馆档案（清代部分·中文）：第五册［M］. 广州：广东教育出版社，2009：134-135.

② 广东省立中山图书馆，澳门基金会，葡萄牙外交部档案馆，等. 葡萄牙外交部藏葡国驻广州总领事馆档案（清代部分·中文）：第五册［M］. 广州：广东教育出版社，2009：239-240.

说，这一模式建立在官民合作的基础之上，它具备了"官批民调"的性质，在官府解决纠纷的过程中，扮演了协助者的角色。

二、原被两造的"私和"

中国官府自古以来就严令禁止两造在发生命案等重大刑事案件时采取私下了结的行为，鉴于此还有专门的罪名可定，这个罪被称作"私和罪"。刘俊文先生在他的《唐律疏议笺解》中对其进行了言简意赅又极富内涵的阐释，他说：

> 亲属为人所杀，隐而不告，甚或贪利受财，与仇家私下了结命案之行为。①

由此可见，针对这种情形，古代的官员们丝毫不会姑息纵容，追其缘由所在，显然与中华儒家传统文化的伦理道德观念扦格不入，因为在刑事违法犯罪乱象面前，接受私和之人，尤其是受害者一方通常会被公权力享有者们当作是见利忘义的负面形象而罪不可赦。也就是说，"私和罪"就其实质而言，揭橥的是相关刑事案件的涉案当事人绝对不可以绕过官断而彼此在私底下择用经济补偿的形式来达成妥协的事实。

不过，这只是政府就相关刑事案件所做的强调，民商事案件则不会受到太大制约。接下来，我们就以全套档案中仅存的第九册卷宗之"陈礼陶控黄亚麟拒迁案"为例，试图浅析一下"私和"在解决纠纷时所起到的作用。

---

① 刘俊文. 唐律疏议笺解［M］. 北京：中华书局，1996：1291.

三、陈礼陶控黄亚麟拒迁案

此案始末如下：光绪三十年（1904）六月，澳门葡籍商民陈礼陶一纸诉状，以拒迁、图诈为由将在广州高第街西约开设奕昌人物店的店东黄亚麟告上了葡总领事处，他要求葡方立刻照会中方番禺县宪，让黄亚麟将他所储贮的木箱等物品搬走，防止其任意勒诈。①

陈礼陶称，他在广州高第街办有福和绸缎店，右边是奕昌人物店店东黄亚麟，但奕昌店的招牌是租用陈桂福堂所得，他需每年向陈桂福交纳租银六十元，最近因其大量欠租，还经常将货物私卖他人，所以在光绪二十九年（1903）的八月，陈礼陶向陈桂福堂提议，要陈桂福堂收回代理权。

后来，黄亚麟同意交回代理权，并经过登报刊示。到了十二月二十六日，陈桂福堂终于将招牌收回，黄亚麟业亲笔批明，批部存据，还认为彼此（黄亚麟与陈桂福堂及奕昌）毫无瓜葛。可是，黄亚麟在搬迁其个人物品时，把存有《四度》古书的木箱留在了奕昌堂。需要指出的是，奕昌店已于1902年卖受给了陈礼陶的公家陈荣业，陈荣业享有奕昌店的使用、收益及处分权利。

黄亚麟说是之后再来将其卖掉，用于摊债。不料，在光绪三十年（1904）的六月十四、十五日，黄亚麟纠同多人，到本约街坊庙捏称陈礼陶之福和店封他货物，砸他招牌，要福和与他填账，陈礼陶为此还受到街坊邻居的众骂。出于这样的情况，陈氏请求葡领事为他去信中方官府。

番禺知县柴维桐接诉后，觉得"除饬差查明本案实情禀复核办

---

① 广东省立中山图书馆，澳门基金会，葡萄牙外交部档案馆，等.葡萄牙外交部藏葡国驻广州总领事馆档案（清代部分·中文）：第九册［M］.广州：广东教育出版社，2009：6-25.

外"，尚需"移交南海县查传讯断"。①

光绪三十年（1904）七月，由于此案并未得到彻底解决，陈礼陶又添新烦，他再一次向葡方请求援助：

> 嗣因黄亚麟隐匿在迎祥街慎安店，番禺以迎祥街系属南海地方须转移南海发差协拘等因，讵黄亚麟愈肆咆哮，伪称欠户标贴长红不噬不休不独，使得奕昌不能再行租与他人，而福和店的生意也大大受到牵连。②

对于此，陈礼陶希望葡领事：

> 照会南海县尊迅赐差拘黄亚麟归案究办，以警蛮横并照会番禺县尊饬差协保，将黄亚麟贮奕昌店之货物刻即搬迁并赏示悬挂招租至黄亚麟经手之账目银两俱归，不得要黄亚麟勒骗得逞，以安商业。③

葡方即刻照会了中国番禺县衙。光绪三十年（1904）七月二十八日，番禺知县柴维桐在照复葡领事时，做出了决定：

> 南海县传案在册，原被两造均不到场，在未做讯明，判断是非

---

① 广东省立中山图书馆，澳门基金会，葡萄牙外交部档案馆，等. 葡萄牙外交部藏葡国驻广州总领事馆档案（清代部分·中文）：第九册［M］. 广州：广东教育出版社，2009：12.

② 广东省立中山图书馆，澳门基金会，葡萄牙外交部档案馆，等. 葡萄牙外交部藏葡国驻广州总领事馆档案（清代部分·中文）：第九册［M］. 广州：广东教育出版社，2009：14-15.

③ 广东省立中山图书馆，澳门基金会，葡萄牙外交部档案馆，等. 葡萄牙外交部藏葡国驻广州总领事馆档案（清代部分·中文）：第九册［M］. 广州：广东教育出版社，2009：15.

之前不能随意勒迁黄亚麟以及奕昌不能再行招租与他方，……
［惟可］再移催勒差传集到案质讯明确，秉公究断，有消息复回葡
领事。①

一年后的三月二十七日，柴知县去函告知葡领事穆礼时，认为该案
因两造均接受"私和"，是时候销案了：

> 兹再集坊庙邀福和堂陈暖到询，一切据称此案去年（1904）
> 十一月三十日经奉贵差协保勒迁出示招租在案，旋于十二月二十七
> 日与黄亚麟自愿达成妥商铺回搬迁协定，奕昌店等项银一百四十两
> 正彼此了结，……黄亚麟付清了伊所欠之债，亦收到了搬迁费，兹
> 业搬出，……案情业结，曲直众寡，无须分明。②

在一起典型的商事敲诈勒骗案件中，原告陈礼陶因多管闲事，遭到
了被告黄亚麟的报复污蔑（黄亚麟利益受损），害得自己福和堂的生意
受到阻碍，还被黄亚麟图索填还其所欠债务，官府的介入也没能让两造
的纠纷得以尽快解决，最后竟是通过彼此自愿达成的"我付费，你搬
迁"的原则才将纠纷化解。

这个地方，原被两造所采取的解决纠纷的方式正是"私和"。应该
讲，"私和"不单能让纠纷得到解决，还能让两造及相关受案官员都避
免了后续的涉讼之苦，进而番禺知县柴维桐才想要尽早销案了讼。因

---

① 广东省立中山图书馆，澳门基金会，葡萄牙外交部档案馆，等．葡萄牙外交部藏葡
国驻广州总领事馆档案（清代部分·中文）：第九册［M］．广州：广东教育出版
社，2009：19-20.

② 广东省立中山图书馆，澳门基金会，葡萄牙外交部档案馆，等．葡萄牙外交部藏葡
国驻广州总领事馆档案（清代部分·中文）：第九册［M］．广州：广东教育出版
社，2009：22-23.

此，以"私和"来解决纠纷，可以说其消耗的时间成本与精力成本都不算太大，与需要第三方来介入处理纠纷案件的诉讼、调解等方式比起来，"性价比"最高。

第五节　本章结论

葡籍华商商事纠纷解决的方式可谓多种多样，而且彼此间还形成了一种既交互相关但又各自独立的情形。具体来说：当葡籍华商遇到纠纷时，他们会选择向葡领馆进行控告，以期透过诉讼的方式来维护自己的权益。葡领事馆在接到控告后，中葡双方便开始理案交涉，其中除了有葡领事为解决纠纷所做出的发函催告交涉外，也有中国广东官府的独自调解。就前者而言，其在为寻求解决纠纷的同时，使得清政府泛外交化的倾向被不断加深，而由广东州县官府所主导进行的调解，因具有"情理法"的特性，在解决纠纷的过程中成为一种处置纠葛的较好方法。

至于商会的介入，为官府解决纠纷提供了一定的帮助，扮演了协助者的角色。此外，因原被两造的私下和解具有成本低、效率高的特点，所以它对于纠纷的解决起到了独特作用。

第五章

葡籍华商商事纠纷之历史影响

葡籍华商所涉内地商事纠纷虽然有了解决的办法，但它却不可避免地产生了某些影响。事实上，这既有中葡法文化在碰撞后国民诉讼心态的转变，还有中葡"治外法权"之争中中方官员维护国家司法主权意识的强化，同时又关系到中国历史上第一部国籍法（即《大清国籍条例》）的出台。所以，本章将对前述论点铺陈展开，试作探析。

第一节　法文化碰撞与国民诉讼心态之转型

一、概说

法律观念，指的是人们对法律制度及其现象与运行模式的认知，是大众对法律价值观念的接受与心理认同。清末，在清王朝推进"修律立法"的同时，国人的法律观念亦愈来愈强。这种强烈的表现，是他们深深受到西法东渐影响后，在诉讼心态上的转变。因为"西法东渐"，使得中国旧有的司法架构遭受了严重的冲击与破坏，捆绑在他们身上那固有的中式法律观念被削弱。

此外，同等重要的是，近代伊始发生于中国内地的各种华洋民

（商）刑事纠纷，也真真切切地让国人看到了西方人在法律观念方面拥有竞争意识所带来的好处。① 所以，中西法文化的碰撞②，就令中国社会对西方法文化有了新的体认，更多人开始以"诉讼"的方式来解决中外纠纷。

在《葡领档案》中，葡籍华商商事纠纷所折射出的中葡法文化的碰撞，同样也给予了国民法律观念的更新。因而，我们就必须从中葡法文化碰撞的重要表现形式——"厌讼"与"好讼"讲起，然后再来看看这种表现形式对迈入 20 世纪后国人在诉讼心态方面的影响。

二、中葡法文化的碰撞：厌讼与好讼之别

亨廷顿（Samuel Huntington）的《文明的冲突与世界秩序的重建》把二战后世界内部发生的各种冲突归结为文明与文明之间的冲突，认为文明是人的最高文化归属，是人必不可少的文化认同的最大层面，是人区别于其他物种的根本。因此，他认为："新世界的冲突根源，将不再侧重于意识形态，而文化将是截然分隔人类和引起冲突的主要根源。在世界事务中，民族国家仍举足轻重，但全球政治的主要冲突将发生在不同文化的族群之间。"③

显而易见，亨廷顿强调了（当今世界）冲突的产生不再肇始于意识形态，而是代之以文化上的差异。姑且不论"文明的冲突"一说是

---

① 蔡晓荣. 晚清涉外商事纠纷与近代中国法观念嬗替［J］. 云南社会科学，2006，（2）：103-106.
② 张中秋. 中日法律文化交流比较研究：以唐与清末中日文化的输出与输入为视点［M］. 北京：法律出版社，2009：171.
③ 亨廷顿. 文明的冲突与世界秩序的重建［M］. 周琪，等，译. 北京：新华出版社，1998：382.

否在理论上能够完全经得起推敲①，但存在着异质文化与多元文明的交流是事实。这里用亨氏的理论来解释葡籍华商商事纠纷所折射出的中西法文化交流现象一样可行。

"法文化"一词最早是梁治平先生用来诠释学界关于"法律文化"时所作的界定，指的是为人们将与法律相关的历史、传统、习惯、理论等联系起来的赋予人们理解上便利的一种立场。② 更进一步来说，"法文化"具体指的是：

> 特定民族经过长期的共同生活所达成的具有认同性、稳定性的，并与法和法律现象相关联的制度及意识观念的各方面内容，形成了民族与国家对其社会生活加以规范和调整的思想观念，是社会群体选择自身权利与义务的思维价值、情感因素和行为方式的总和，同时又显现出法律制度、法律机构、法律意识、法律心理等所有内外显制度的形式。③

基于此定义，我们就可以从《葡领档案》中找寻到前面所提问题之答案。众所周知，中国人向来以追求"大同理想社会"为神往。西汉时期的儒派礼学家戴圣就直呼：

> 大道之行也，天下为公，选贤与能，讲信修睦。故人不独亲其亲，不独子其子，使老有所终，壮有所用，幼有所长，矜、寡、

---

① 一般情况下，交流往往有正负效应二面之果：正效应人们常称之为沟通或是交汇；负效应则被当成交手、交锋或者冲突。刘正光. 言语适应理论研究述评［J］. 语言文字应用，2001，（2）：57-64.

② 梁治平编. 法律文化的解释［M］. 北京：生活·读书·新知三联书店，1994：2-5.

③ 何志辉. 华洋共处与法律多元：文化视角下的澳门法变迁［M］. 北京：法律出版社，2014：11-13.

孤、独、废疾者皆有所养，男有分，女有归。货恶其弃于地也，不必藏于己；力恶其不出于身也，不必为己。是故谋闭而不兴，盗窃乱贼而不作，故外户而不闭，是谓大同。

要得入世之"大同"，人们就要各遵其位，在纠纷面前，当然也就希望达到"听讼，吾犹人也。必也使无讼乎"①的境界。而此种思想在历朝各代的儒者们与官府的大力推广下，深根蒂固地扎根于每一个中国人心中。

所以，生于传统社会的世代中国人，必然会把对证公堂视为鄙下的为君子所不耻②的行为，除非到了无路可退的局面，否则以打官司的形式来解决彼此间所存在的纠葛，几乎不会成为人们的首选，民间亦便生成了一种畏惧或反感以透过官府裁断的形式来解决纠纷的心态，国人"厌讼""畏讼"等形象便得以显现。对此，姚之鹤先生就认为，我国国民但凡遇涉与洋人的纠纷就会有畏畏缩缩甚而退避三舍的念头③，"无讼"文化对他们影响至深。

反观西人（包括卢济塔尼亚民族），由于在中世纪之后，欧陆多国所进行的资产阶级革命及其所建立的君主立宪制度，加上其历来对以"民主""平等""自由""博爱""人权"为圭表的文化价值观念的黾勉寻求，就使得西方国家乃至它的"附属地"④都充斥着"法"的气息，而他们的公民在自身利益遭遇侵犯时，抑或说在维护个人的权益方

---

① 杨天宇. 礼记译注 [M]. 上海：上海古籍出版社，2004：804.
② 吉伯特·罗兹曼. 中国的现代化 [M]. 陶骅，等，译. 南京：江苏人民出版社，1995：127.
③ 姚之鹤. 华洋诉讼例案汇编：上册 [M]. 上海：上海商务印书馆，1915. 转引自蔡晓荣. 晚清华洋商事纠纷研究 [M]. 北京：中华书局，2013：54-55.
④ 黎晓平，汪清阳. 望洋法雨：全球化与澳门民商法的变迁 [M]. 北京：社会科学文献出版社，2013：77.

面，毋宁用法律手段来解决相关问题。

因此，西人"好讼"的形象便由此形成，它也就与古代中国文化观念里人们鄙视、厌恶诉讼活动的典型特征有着明显的区别①。只是这种形象往往又表现在他们对于整个诉讼过程的积极把控，力争话语的主导权，使自己在涉案中处于一个相对有利的局面上。

当然，中西之间的"厌讼"与"好讼"差别，在20世纪之前的华洋纠纷与诉讼中表现得甚为突出②，而中葡商事纠纷所折射出来的中葡法文化差异同样如此。

于是，这里就用《葡领档案》中的一则纠纷，来看看中葡法文化差异性的表现。③

三、覃如松、覃子淮控李用余、谢锡瑁慎兴饷押铺事

覃如松、李用余互夺慎兴饷押铺一案，是一件因商业不动产权属问题而引起的纠讼。

该案历时多载，又历经几任葡领事及多位广东地方官员的共同处置，其审判的结果仍旧不明朗，但原被两造与中方官员的言行却让我们见到了中葡法文化在交锋时所呈现出的那一种"好讼"与"厌讼"之别。

第一原告覃如松、覃子淮皆系商人，又同获大西洋国籍，他们于光

①　范忠信．中国法律传统的基本精神［M］．济南：山东人民出版社，2001：237-242.
②　蔡晓荣．晚清华洋商事纠纷研究［M］．北京：中华书局，2013：60.
③　《葡领档案》里并非只有此例能够反映出中葡法文化之间因碰撞所表现的不同价值倾向。应该说，在所有"葡原华被"的商事纠纷里，几乎都能寻见到葡籍华商的"好讼"与内地商民的"厌讼"。只是在20世纪之前这种表现更为明显，因为1900年以前，"葡原华被"的控案在比例上占据了绝对的主导地位。换言之，葡籍华商辄是想用"诉讼"来解决纠纷，所以才会出现那么多以他们为原告的纠案，而这也体现了他们"好讼"的一面。

绪二十五年（1899）间与三水县商民李用余（李国廉）发生了典当铺屋争夺一事，覃姓当即以李用余等吞踞为由将其控至葡总领事处。用覃如松本人的话来说，他在光绪十三年（1887），用覃惠吉堂名义凭其堂弟覃子淮作中，向梁森溪买受德庆州城外当楼一间，缴纳了地租银，立有收银单据。

光绪十四年（1888），其弟覃子淮用覃如松、覃子淮、覃熙龄等名赴局领牌，开张义安押，之后改为慎兴押，苦心经营十余年，领牌缴饷全系吾身，缘其名声响亮，所以在当地（德庆州）大家都知晓该押为覃家名下产业。后因资金不足，覃子淮就将该押全盘生意及货的本银二万两并铺契地批一律按揭予崔荔浦，借得银一万五千两，共成本银三万五千两，以十年为期，期内利息归崔荔浦收取，到期后，该押全盘生意点足货架银三万五千两必须交还，写有字据，同时由道生银号作担保。

不过在此期间，覃姓又把慎兴押招牌和当铺立约租顶给三水商人李用余，约定每年给覃外工银一百二十两，但李用余反悔，每年仅给银四十两。当慎兴押立马要期满收回之时，崔荔浦病故，覃姓一方遂到慎兴押询问李用余是否续租，李用余亦同意续租。谁料，到期后，李用余竟称慎兴押系伊自赴省局领牌开张，将红契内覃惠吉堂改为代惠吉堂，希图混争铺产，另乃把铺业私受于谢锡瑍。

对于该事，葡方领事照会了中国两广总督，以求得断案结办。光绪二十六年（1900）的十二月十四日，时任代理两广总督的德寿在回檄中认为此案颇具名堂，两造之一可能涉及虚造官函，加上李用余长期不应饬到案审讯，因此强调：

以后州县各官与贵总领事官若有交涉事件，彼此概用印文，以免匪徒假冒"并"批饬严勒李用余即日投审"。①

由于李用余的匿躲逃讼，该案始终没有进展，葡方又饬函催告中方迅速拿出办法加以解决。新任两广总督陶模在光绪二十七年（1901）二月初九日告诉葡方，他将采取如下行动：

> 已行德庆州迅速移传勒限李用余到案，倘仍延匿，即饬该押司事将货物点交覃如松等收管，禀明存案数目长短，由州秉公核办具报。②

迨徂光绪二十七年（1901）的五月二十三日，原告覃如松看到中方尚没有兑现对自己的承诺（中方官员有言，已再限十日，倘仍延匿，即将该铺货物交商收管在案）及其对李用余所下达的饬令仍未起到作用，他遂把此情况禀报给了葡领事。在反映中，覃如松还称其见闻到慎兴押当复开，希望领事能够照会督宪：

> 速饬德庆州遵照前谕，即将该押货物点交商收，其余欠数及过期应补码目勒令填偿勿任再延，以断讼藤。③

---

① 广东省立中山图书馆，澳门基金会，葡萄牙外交部档案馆，等. 葡萄牙外交部藏葡国驻广州总领事馆档案（清代部分·中文）：第十六册［M］. 广州：广东教育出版社，2009：200-208.

② 广东省立中山图书馆，澳门基金会，葡萄牙外交部档案馆，等. 葡萄牙外交部藏葡国驻广州总领事馆档案（清代部分·中文）：第十六册［M］. 广州：广东教育出版社，2009：212.

③ 广东省立中山图书馆，澳门基金会，葡萄牙外交部档案馆，等. 葡萄牙外交部藏葡国驻广州总领事馆档案（清代部分·中文）：第十六册［M］. 广州：广东教育出版社，2009：215-216.

四天之后，两广总督陶模回函通知葡领事司格达，说他会要求德庆州查明慎兴押是否再开，还将速传两造携同证人等示期集讯。中途，鉴于原被两造均已回省，该案预定好的审讯时间被迫悬牌二十日以作更易，且改由广东省会督发审局委员来审办。

但二十天之后，该案依然未能如期审办，对此覃如松感到极为不满。他再度去信葡领事，并恳请葡方照会广州知府严传李用余到案，勿任其狡饰卸脱，因为覃觉得李用余明摆着借病畏讼，拖延时间，他说到"有病之人何以街上行走"。①

同年的八月十四日、八月二十二日与二十三日，广州知府施官三次照会葡领事萨允格，说中方将严传李用余到案，并查出其踪迹所在，同时保证会给葡方一个合理的答复。

随后，会督发审局对两造进行了开堂质讯②，施知府也做出了关于该案件的初步梳理，并得出结论，他明言此案绝非仅此覃如松控李用余霸铺一案，应该案里旋案，另存有李用余反控覃如松、覃子淮伪造顶受协议一案，而且业成互控之势，他需要详加诊讯，其云：

> 查此案迭经提讯两造供词各执，覃如松等所缴批约李用余等已经被指证为伪造，则崔荔浦名下所执批约自不得不饬令缴验以辨真伪，现饬覃如松等向崔荔浦家属询明，崔荔浦名下批约究存何人之手取出缴验并饬两造各将契照字约收齐缴验，同时札饬德庆州将之前讯结覃钱两姓互控押店的原案并查明慎兴同益两押当日领牌开张及辗转承顶改领押照各原案逐一收齐说明赴府，以凭核明慎兴押系

---

① 广东省立中山图书馆，澳门基金会，葡萄牙外交部档案馆，等. 葡萄牙外交部藏葡国驻广州总领事馆档案（清代部分·中文）：第十六册 [M]. 广州：广东教育出版社，2009：227.

② 晚清时期，会督发审局审理的案件，知府是需要过目的。

何人所开，覃如松有份无份，崔荔浦是否同益押店东，如何辗转承顶，务得实情别究断。①

这样，中方决定复查审理此案。复审中，覃如松自始至终都认为自己有理有据，又一次强调李用余生病造假一事有违常理，并指出整个纠纷是李用余所造，并非自己有心缠讼不放，而李用余却始终处于一个不退不进的局面，其支支吾吾半天，既解释不出自己生病请假不按时参与复审的原由，也没有拿出覃氏造假公文的最新证据。在经过会督发审局委员细致的审查后，中方认为，虽说两造各执一语，但覃姓之言更不足以为信：

> 该押果系覃如松开张，嗣经按与崔荔浦立有合约，其后入李用余之手，何以不另行换立约，实在可疑，后至光谢锡瑺顶受该押，徇照俗例，应先期标贴，覃如松近在咫尺，岂无见闻，如果覃姓真有存本二万两，李用余未必敢私相授受，谢锡瑺知有纠葛，亦不肯含糊顶承，覃如松果有股份，当谢锡瑺接顶之时，如未在场公议签押，岂肯听任谢锡瑺换牌请照。②

在他看来，更有甚者是：

> 检阅州卷，当日查封该押点名货银二项，共计银一万九千一百

---

① 广东省立中山图书馆，澳门基金会，葡萄牙外交部档案馆，等．葡萄牙外交部藏葡国驻广州总领事馆档案（清代部分·中文）：第十六册［M］．广州：广东教育出版社，2009：238．

② 广东省立中山图书馆，澳门基金会，葡萄牙外交部档案馆，等．葡萄牙外交部藏葡国驻广州总领事馆档案（清代部分·中文）：第十六册［M］．广州：广东教育出版社，2009：244-255．

二十余两，尚不满二万之数，覃如松若有本银二万两，尽可自行开张，何必转按别人尤属无理，覃如松等逞习妄辩，咄咄逼人，一味坚执，不可理喻，……实系覃子淮因索加外工银两不遂，怂恿覃如松出头捏空图诈。①

同时，委员还觉得葡领事可能没有仔细查验案情，只为覃姓系葡国商民：

> 此案初起时，西洋领事官照会文内，有未知晓是否真假之语，是覃如松所控，领事官原未尝深信，特以既入其籍，不得不据情代达。

其后，会督发审局将审查意见及其看法一并转达给了两广总督。光绪二十八年（1902）二月二十一日，两广总督陶模照会葡领事，把中方的复审与认定情况传告给了葡方，并提醒葡领事慎重思考中国官府的处理建议（陶督基本上同意了会督发审局的审定结果）。该年的二月二十六日，陶模再次函复葡方，向葡方征求是否同意该判决结案的意见：

> 覃如松一案，屡经质讯，曾照会台端在案，如何之处可否，请贵总领事官迅赐回复，以便饬早了结，免累两造。②

---

① 广东省立中山图书馆，澳门基金会，葡萄牙外交部档案馆，等．葡萄牙外交部藏葡国驻广州总领事馆档案（清代部分·中文）：第十六册 [M]．广州：广东教育出版社，2009：244-255.

② 广东省立中山图书馆，澳门基金会，葡萄牙外交部档案馆，等．葡萄牙外交部藏葡国驻广州总领事馆档案（清代部分·中文）：第十六册 [M]．广州：广东教育出版社，2009：257.

本案的最终判决情况档案并未记载，葡方是否同意中方结案了事以及互控之结局到底是覃姓得胜还是李用余赢讼，我们均不得而知。即便这样，按照档案的线索，也就是依两广总督默认会督发审局委员的审理意见来看（换句话来说，中方官员实则站在了李用余一方），覃如松兄弟确有弄虚作假与伪造涉讼之嫌。

这是因为他们为了私利竟不畏讼断之累，除多番强势纠结外，还积极争取自己在整个诉讼过程中的有利地位，其"好讼"之心被反映得淋漓尽致。比如，他未经调查就向葡领事反映被告当事人生病请假一事的相关情况，在复审时又强力为自己辩解。李用余一方则稍显被动消极，就算真系生病，也应该在病好之日第一时间将看病的相关凭据上缴官府以作证明，省得被其原告栽赃诬陷，说自己畏讼而拖延审讯时间，更何况中方官员秉公具断，查出了覃氏更不占理的实因，他如此的举动反倒表现出了或多或少的"厌讼"形象。

这样一来，本来赢得诉讼机会不大的葡籍华商覃如松兄弟可能反而增加了赢讼的胜算，中国官员在最后主动提议，要求按照中方的意思来解决纠纷的行为实际上已经证明了李用余有反控胜诉的希望，只是李用余小心谨慎乃至"厌讼"与"畏讼"实在也是无可奈何之事。

不可否认，内地商人的"厌讼"与葡籍华商的"好讼"就某种意义而言，确实反映出的是中葡两种不同法文化在其价值倾向上的歧义。可以说，国民的"厌讼"心态除了与中国儒家传统文化里的"无讼"价值观有关外，应该还与他们自身对官府的一些畏惧感有关。而葡籍华商则将具有竞争意识的权利观与法律紧密地结合在一起，在深受葡萄牙制度文化的影响之下，选择通过司法途径来解决有争议的事情，自然也就无可厚非了：

在西方，法律与权利是密不可分的，甚至可以相互解释，这是因为法律最早在西方形成于平民与贵族围绕权利而展开的斗争，而一般人之间的纠纷也都是通过诉讼对权利和义务的确立来解决的，所以权利成了西方法律诉讼的核心。①

当然，内地商民的这种"厌讼"恰好又在一定意义上助长了洋商们的"好讼"②，并且这样的情形在 1900 年之前的华洋商事纠纷中几乎都能有所见闻。

只不过，在中西法文化历经多次碰撞的 19 世纪末期，尤其是发生于中外混合纠纷中所表现出来的这一"厌讼"与"好讼"形态，在被内地民人要么亲身经历，要么感同身受以后，似乎到了 20 世纪，开始出现了微妙变化。③

所以，本书收录的葡籍华商商事纠纷也就在 20 世纪之前明显呈现出一种原告为葡籍华商，被告在绝大多数情况下都是内地商人的形式，而从 1900 年起，"华原葡被"形式的纠案在数量上大增。④ 毕竟，中葡法文化的碰撞让国人看到葡籍华商"好讼"所带来的好处，国人新的诉讼心态也就产生了。

---

① 张中秋. 中西法律文化比较研究 [M]. 北京：法律出版社，2009：342.
② 蔡晓荣. 晚清华洋商事纠纷研究 [M]. 北京：中华书局，2013：59.
③ 张月的《新旧中西之间：五四时期的中国史学》论说了夏曾佑于 20 世纪初编写完成的《最新中学中国历史教科书》(《中国古代史》) 对于后世的影响，这是"西学中用"的结果。而"西法东渐"同样如此，尤其是在晚清华洋纠纷上，蔡晓荣则举例认为，在 20 世纪初的华洋商事纠纷中，有些华商感知到私法理念的重要性，遂通过"诉讼"维护自身合法权益。张月. 新旧中西之间：五四时期的中国史学 [M]. 北京：北京图书馆出版社，2007：55. 蔡晓荣. 晚清华洋商事纠纷研究 [M]. 北京：中华书局，2013：272.
④ 从本书所收录的商事纠纷来看，自 20 世纪起，"华原葡被"的控案明显呈现出一种爆发性的状态。

四、国民诉讼心态之转型

郑观应曾经撰文声称：

> 余闻泰西人好论权限两字，今读西人法律诸书，见其反复推阐，亦不外所谓权限者。人无卑微，事无大小，悉予之权，以使之无纵，举所谓正名、定分、息争，一以法行之。①

郑氏强调了成长于西方法文化背景下"好讼"的外国商人愿意用"诉讼"来解决各种纠纷的事实。不过，洋商们惯用"法"来处理问题的行事方式（"好讼"）正好刺激了华商的权力观念与诉讼意识，因为这让他们领悟到了敢于争讼的积极意义。②

下面就用《葡领档案》第 7 册张甲控陈桐君踞铺拖租之事③来对问题进行说明。

该案的案情经过是葡籍华商张甲在光绪二十六年（1900）将自己在省城广州的一处商铺出租给内地商民陈桐君做裱画生意。按照双方合同的约定，租期为三年，期间陈氏不得私下转租，张甲亦不得私自涨租。光绪二十七年（1901），张甲突然向陈桐君提议，要求铺屋必须加租，陈并未同意，而后双方继续履行合同之规定。

迨到光绪二十八年（1902）的九月，陈因为生意惨淡亏本无力支撑而将此铺转租给了另一商人李守仁（善意第三人），并实际收取转租

---

① 胡秋原. 近代中国对西方及列强认识资料汇编：第 3 辑 [M]. 台北："中央研究院"近代史研究所，1972：536.

② 蔡晓荣. 晚清华洋商事纠纷研究 [M]. 北京：中华书局，2013：275.

③ 广东省立中山图书馆，澳门基金会，葡萄牙外交部档案馆，等. 葡萄牙外交部藏葡国驻广州总领事馆档案（清代部分·中文）：第七册 [M]. 广州：广东教育出版社，2009：89-145.

费六百五十两。当张甲得知此事后，遂于光绪二十九年（1903）三月以华商陈桐君霸铺欠租之由，将其告到了葡国驻广州领事处。葡方准允张甲之请，即刻传会了中方官员。

从此时起，中方开始了长达近三年的审判工作，多位广东官员涉足其中。

当时，南海知县傅汝梅在查获新的线索后召集了涉案当事人（包括李守仁），并对他们进行了积极的调解，李守仁同意傅汝梅的调解意见，认为只要张甲涨租幅度不大自己便可以接受，也愿意将陈桐君之前所欠的租金一并补齐。傅汝梅随后将该情况反映给了葡方，并希望葡领事能及时让张甲接受调解。

可是，张甲一直不曾露面，竟还拒绝了傅汝梅的调解意见，并坚称自己一定要让李守仁即刻缴纳租金搬东西走人。傅汝梅为此专门批评张甲，说他有心缠讼不放。后来，两广总督岑春煊开始受理此案，同样要求葡方速让张甲按中方指的日期到场对质审讯。

遗憾的是，张甲仍旧我行我素，不肯对簿公堂，而李守仁则老实本分地按时为岑春煊提供供词。在此期间，张甲还多番去文要求葡领事尽快让中方按自己的意思结案了事，葡领事也积极回应，往复与中方进行交涉，以希求中方照做不误。

就这样，本案被拖到了光绪三十一年（1905）六月，时任南海知县的胡铭槃下令声称，在此案未结讼之前，任何人不得私自承顶。八月，胡铭槃再次召集张李二人进行对质，此次庭审李守仁据理力争，除依旧同意傅汝梅的调解意见外，还始终坚持认为要按照旧约行事才可作罢。[①] 最后，张甲作出让步，同意了之前傅汝梅所做的调解与李守仁的

① 此处是著者根据案情及逻辑做的推断。广东省立中山图书馆，澳门基金会，葡萄牙外交部档案馆，等. 葡萄牙外交部藏葡国驻广州总领事馆档案（清代部分·中文）：第七册［M］. 广州：广东教育出版社，2009：89-145.

主张。

本案中，张甲退让不仅归功于南海知县傅汝梅所做的折中调解，还得益于李守仁的坚持。李氏的坚持无疑体现出他敢于表达意见，无惧累讼的态度。可见之前一味沉默寡言，完全按官府要求办事的李守仁在看到张甲强硬争讼的言行使自己陷入被动局面后（换言之，张甲得到了葡领事大力相助），通过坚守己见、不畏强权，为最终公平解决这一旷日持久之官司做出了自己的贡献，也实现了其补租续顶的预期（尽管最终李守仁选择退租搬离）。所以，有人认为，西籍人士无惧讼累之表现，让他们在中外纠纷与诉讼中占尽便宜，不管这种便宜会带来何种好处，但至少就本质来说，拿出气势，为自己在诉讼中获得一个有利地位，才是最为重要的事。到后来，国人亦即如此，行使此等争讼之权利，就使得自 20 世纪起国民诉讼观念大为改观，人们对诉讼有了一个全新而深刻的认识，遂在大大小小的华洋纠纷中愈发倾向于以诉讼方式来维护个人权益。①

很显然，《葡领档案》所记载的商事纠纷自 1900 年开始，"华原葡被"形式的案件急剧增多，内地商人的法律观念出现了极大变化，人们似乎不再"厌讼"，而敢于争讼维权了。事实上，这正是受到之前中葡法文化不断碰撞后所带来的某种影响。人们这一法律观念的变化，揭示出在与葡籍华商的商事纠纷中国人诉讼心态的转型。

---

① 赵震江教授在《法律社会学》中提道："鸦片战争以后，中国进入半封建半殖民地社会。帝国主义的入侵，使资本主义的司法原则和审判制度伴随着资本输入中国。中国近代意义上的法官职业是清末司法改革的结果。"赵震江. 法律社会学［M］. 北京：北京大学出版社，1998：413. 实际上，自鸦片战争起，特别是进入 20 世纪后，"西法东渐"的影响更是体现在我国国民生活的方方面面。在中外纠纷中，国人也敢于通过"诉讼"的方式来维护自身的合法权益。

五、管窥诉讼心态的若干案例

透过以下几则纠纷案例，我们可以进一步看到近代中国国民诉讼心态的转型情况。

（一）冯佑廷控案

顺德商人冯佑廷于宣统元年（1910）一纸诉状，将澳门葡籍华商陈苇航告到了两广总督处，给出的原因是，陈苇航下属各店到顺德提货后不按约定期限偿还货款。

按照冯佑廷的说辞，他在顺德陈村开设文昌纸料店，与澳门葡籍商民陈苇航所开的大隆、翰芳、大章栈、大栈等店按照先出货再收款的方式进行合作，原本相安无异。一天，他突然接到大隆等店传单，说陈苇航已于三月上旬远逃外埠，曾邀请各欠户集众商议，多数取决，均议将四店闭歇，所有货物、家私、账项铺底招人承顶得回银若干，均派欠项以作了事。

陈苇航的四店之前在顺德提货后未偿付货款（共计银四百一十八两一钱八分），为此冯佑廷专门进行了调查。调查后，他认为陈苇航明显弄虚作假，欺诈串骗：

> 陈苇航既已逃匿在先闭歇在后，情节显然而又恐各欠户告发，故一面遍发传单，伪称集众议决，以安欠户之心，一面与伪债主通同作弊，瞒禀查封以为抵偿地步，将来成数，必低其立心，尤不可问忖思。①

---

① 广东省立中山图书馆，澳门基金会，葡萄牙外交部档案馆，等．葡萄牙外交部藏葡国驻广州总领事馆档案（清代部分·中文）：第六册［M］．广州：广东教育出版社，2009：421-426.

所以，他将此事控告到两广总督胡湘林处。两广总督胡湘林在随后照会了葡领事穆礼时，要求葡方"秉公核算摊还，以免偏累，而杜狡谋至绁睦谊"。该案最后应该被了结，原因是葡方查明了真相，并将陈苇航的部分货物进行了变抵偿还。①

（二）周衍基控孔监黎案

光绪三十三年（1907），内地商民周衍基称他在香山县承接缉捕经费，而草商李炳忠借他的商款一直不曾归还。所以为了此事，他多次向李讨要欠款，但李始终不予归还。随后，周衍基查出李炳忠与孔监黎同股营商，因此将孔监黎告到了番禺县宪处，并要求孔监黎将他们合作的股份撤出用以还债。孔监黎得知后，立刻向葡领事进行申控，说周衍基纯属捏造，要求葡方立刻照会中方官员查实情况并注销此控案。

时任两广总督的周馥在回复葡总领事官穆礼时的时候称，他将迅速传令，饬令番禺县进行彻查，"周衍基如无确据，即将控案注销"，一定会"提同周衍基详讯明确，秉公妥办"。

该案无果。不过，就周衍基目前不畏辛劳的参讼表现而言，他或许能赢得胜诉。②

---

① 档案并无最终审判结果。此处仅是作者做的推断：首先，"西法东渐"在20世纪初达到高潮，受其影响，华民愈发敢于在与"洋人"的纠纷中争讼、辩讼；其次，据《葡领档案》可知，两广总督胡湘林应该是站在了冯佑廷一边。因为他在评案后同意了冯氏之意见，一句"秉公核算摊还，以免偏累，而杜狡谋至绁睦谊"能较好体现出来。再次，冯佑廷不惧讼苦之累，亲力亲为地积极展开调查并为官府提供成堂供词，这不但是他努力维权的表现，更体现出了他的勇于争讼与辩讼。基于此，华商冯佑廷赢讼概率较大。广东省立中山图书馆，澳门基金会，葡萄牙外交部档案馆，等. 葡萄牙外交部藏葡国驻广州总领事馆档案（清代部分·中文）：第六册[M]. 广州：广东教育出版社，2009：427-429.

② 周衍基的胜诉亦是作者做的推断，理由与上文"冯佑廷案"大致类似。广东省立中山图书馆，澳门基金会，葡萄牙外交部档案馆，等. 葡萄牙外交部藏葡国驻广州总领事馆档案（清代部分·中文）：第二册[M]. 广州：广东教育出版社，2009：332-337.

（三）杨国荣控曾月溪等借银不还案

该案始末如下:① 据顺德商人杨国荣称，他于光绪三十四年（1908）与友人张少槎等拟在广东合伙开办矿务生理，设立合裕公司，因未找到矿师，为免所借资金"耗息"，决定将股本资金借出。后来，由张少槎经手，于宣统元年（1909）二月初十日借给葡籍商人曾月溪香港银钱五万元，约定按期清偿，曾月溪也亲笔书立揭单，其子曾仁山当场点收。到期后，曾月溪未主动还款。

因为经手人张少槎身故，杨国荣便寻访曾月溪及其儿子曾仁山，要求其还款，但两人均避匿不见，加之曾月溪已入葡籍，杨国荣便在其后赴驻广州口岸葡领事署提出控追。葡领事为此传曾月溪到案限期清还。

后来，杨国荣守候数月，曾月溪仍不清还，遂又赴葡领事处催追，葡领事称，曾月溪已因别案被逐出葡籍，让他直接找中方处理。当杨找到中方番禺县宪时，番禺知县建议杨国荣赴顺德县署控追，原因是曾月溪因1907年在广州广茂店发生挞欠德国洋款一案，被查出是顺德籍民。于是，杨国荣向顺德县提请追诉，要求将曾月溪、曾仁山拘案勒追。

之后，顺德知县陈接杨国荣的控诉后，去信葡领事馆，要求葡方查明后续情节，例如曾月溪揭欠杨国荣合裕公司巨款案是否如杨国荣称经葡领事馆判定限期归还？又因什么原因拖延不还？所称曾月溪嗣因别案逐出葡籍一节是否属实？等等。

（四）肇庆美玉店控郭冕俦欠款案

光绪三十二年（1906），肇庆美玉店为葡籍华商郭冕俦到店购买玉器欠交货款一事，而向葡国驻广州领事官起诉，要求郭冕俦即刻还款。

---

① 广东省立中山图书馆，澳门基金会，葡萄牙外交部档案馆，等. 葡萄牙外交部藏葡国驻广州总领事馆档案（清代部分·中文）：第六册［M］. 广州：广东教育出版社，2009：132-134.

据肇庆美玉店店东称，在光绪三十二年（1906）的二月初六日，郭冕俦买到石器一单，共价值银两四十五元四毫，约定十天之内买家必须交清货款。可是，到了约定时间，郭冕俦却推诿至三月十四日才偿清。后来，美玉店东前去收款，郭不但不付账，反而强恃其葡籍逃挞威胁。事后，美玉店店东的坚持终于得到回报，在葡领事官员的判罚之下，他取得了官司的胜利，拿回了属于自己的货款。①

六、小结

综上各案而言，有两点需要引起注意。其一，内地商人勇于"诉讼"（争讼）均发生在 20 世纪初。《葡领档案》绝非仅有这四个案例发生于这个时间段，前文已做说明，此处不再赘述。其二，在所有的案件里，内地商人都是以原告的形式来与葡籍华商对簿公堂的，有些商人经过坚持起诉，甚至还获得了最后的胜利，肇庆美玉店店东的胜诉，就是最直接、最好的例证。

可见，在历经中葡法文化的碰撞后，尤其从 20 世纪起，国人不再那么明显地畏惧与厌烦"诉讼"，更多的人开始通过诉讼的方式来进行维权，也不再把"调解"当作解决纠纷的最佳选择，并突破了在中国历史上，在伦理化教条指导之下，"无讼"这种积之既久，成为自周以来中国法律文化中最为重要品质②的思想局限，使得权利意识、公平竞争的观念植入人心，人们的诉讼心态有了一个新的变化。

---

① 广东省立中山图书馆，澳门基金会，葡萄牙外交部档案馆，等．葡萄牙外交部藏葡国驻广州总领事馆档案（清代部分·中文）：第十三册［M］．广州：广东教育出版社，2009：229-233.
② 张中秋．比较视野中的法律文化［M］．北京：法律出版社，2003：227.

第二节　治外法权之辨：
中方官员维护国家司法主权意识的强化

一、概说

美国学者布热津斯基（Zbigniew Brzezinski）在点评中国古代史的清朝部分时指出，19 世纪强加给中国的一系列条约、协定及其所衍生的治外法权条款，使人们清清楚楚地看到，不仅中国作为一个国家地位低下，而且中国人作为一个民族同样地位低下。[①] 该学者指证出了当时缘饰在中外条约中的"治外法权"给中国国家和中华民族造成的严重危害。

而西方各国凭借着自《中英五口通商章程》起一系列不平等条约的签订，开始肆无忌惮地攫取中国的司法管辖权[②]，使得原本应该归中方审判的中西涉外案件的司法权力渐次滑落到外国领事手上。清廷也就此落得了一个腐败无能的政府形象。[③]

实际上，清政府在维护国家主权方面，特别是在司法主权安全上，还是为之努力过的。1895 年的甲午中日战争，中国朝野再一次目睹了中国国家权力的丧失与综合国力的羸弱，遂寻求变法以维护包括治外法权在内的主权之心大增。1900 年以后西方各国与清政府重订条约，清

---

① 布热津斯基. 大失败：20 世纪共产主义的兴亡 [M]. 军事科学院外国军事研究部，译，北京：军事科学出版社，1989：179.

② 蔡晓荣. 晚清华洋商事纠纷之研究 [D]. 苏州：苏州大学博士学位论文，2005：64 页。

③ 周迪. 再论"王道政伦"概念之诠分与阐释：基于孔孟古典儒学与董仲舒新儒学的思域 [J]. 海南大学学报（人文社会科学版），2019，37（5）：168.

政府力争撤销领事裁判权，而列强借口中国法制不完善、太落后，不能保障其国民利益拒不同意。

此时的中国知识界对国际法已有所了解，知道主权的重要性，因此也不相让。①清政府便与西方各国展开了激烈的相争，最后各国有所保留地选择了退让。

清廷维护国家司法主权权益的意识，在 1902 年中英签订的《续议通商行船条约》（《马凯条约》）中得到体现：

> 第十二款 中国深欲整顿本国律例，以期与各西国律例改同一律，英国允愿尽力协助，以成此举。一俟查悉中国律例情形及其审断办法及一切相关事宜皆臻妥善，英国即允弃其治外法权。②

中英《续议通商行船条约》的签订，实际上是清政府首次向西方列强明确提出使其放弃在华治外法权的主张。同时，在条约中，英国人给出的带有条件性放弃治外法权的承诺，无疑为随后的资本主义国家做出类似承诺提供了借鉴，强化了中国当局修法"维权"的信心。③

尽管说清政府在此刻希望废除诸列强在华领事裁判权的诉求遭到拒绝，并以失败告终，但是其为维护中国司法主权权益做出了相当之努力。

---

① 高其才. 多元司法：中国社会的纠纷解决方式及其变革［M］. 北京：法律出版社，2009：192-230.
② 近代史资料委员会. 辛丑和约订立以后的商约谈判［M］. 北京：中华书局，1994：137-139.
③ 李贵连. 新民说：1902 中国法的转型［M］. 桂林：广西师范大学出版社，2018：12-13.

诚然，清政府第一次主动提议取消列强在华领事裁判权的原因①，与西人领事在19世纪末加紧扩张华洋混合纠案中的"治外法权"有很大关联。②换句话说，大量华洋混合纠纷的存在，就令清朝官员维护国家司法主权的意识得到了提高，这种"维权"意识在此之后愈益突显。然而，"维权"需要有充足的理由，尤其是"法"的依据。美国法律实证主义的代表人物汉斯·凯尔森（Hans Kelsen）总结了秉具法律性质的条约对于各国维持关系的重要性。他强调，国家间由于缔结了契约或条约，缔约各方就能依法律对其相互关系加以调整。③ 对国家间相互关系加以调整的手段正是条约，条约自然就成了缔约诸国必须要遵守的法律规则。进一步来说，条约既然有法律效力，那么其权利义务关系就要依约开展，彼此间承担的义务与享有的权利再怎么不对等，但该享有的权利还是要享有。

由于中外条约将本来属于中国国内法调整范畴的中外民（商）刑事案件纳入国家间的关系问题上④，与清政府签约的列强国家便享有了在华领事裁判权，进而又与中方共享了"治外法权"，形成了当时在华洋纠纷中所谓的分治情形⑤，也就是"原告就被告原则"。

依据这种原则，凡是原告为外国人，被告为中国人的纠纷与诉讼就

---

① 赫德说："每一项要求都会连带出一系列相关的问题，诸如资金、股票、权益、贸易保护制度、争端等等，所有这一切或多或少地会造成对已有惯例、地方习俗、公众情感和政府行为的冲击。"［英］赫德．这些从秦国来：中国问题论集［M］．叶凤美，译．天津：天津古籍出版社，2005：112．因此，解决包括"领事裁判权"在内的一系列相关问题，就成为清政府的正当理由。

② 蔡晓荣在《晚清华洋商事纠纷研究》中列举多个华洋房产纠纷案例对此进行了侧面回答。蔡晓荣．晚清华洋商事纠纷研究［M］．北京：中华书局，2013：75．

③ 凯尔森．国际法原理［M］．王铁崖，译．北京：华夏出版社，1989：267-268．

④ 李育民．晚清中外条约关系的基本理论探析［J］．中国高校社会科学，2016，（5）：84-88．

⑤ 高汉成．晚清法律改革动因再探：以张之洞与领事裁判权的关系为视角［J］．法律制度，2004，（4）：51-58．

由中方地方官员按中国律法审判，反之则由外国领事官按其本国律法审判。所以中方并不享有"华原洋被"情形的司法审判权，这一部分的"治外法权"已经沦丧，唯独有权审判的是"洋原华被"之涉案情形。《中葡和好通商条约》就如此规定，其第四十八款曰：

> 大清国人如有欺凌伤害大西洋国人者，由大西洋国官知照大清国地方官，按大清国律例自行惩办。大西洋国人如有欺凌伤害大清国人者，亦由大清国官知照大西洋国领事官，按大西洋国律例惩办。①

第五十一款则言：

> 大西洋国民人如有控告大清国民人事件，应先赴领事官衙门递禀，领事官查明其情节，须力为劝和息讼。大清国民人如有赴领事官衙门控告大西洋国人者，领事官亦应查核其情节，力为劝息。若有不能劝息者，应由大清国地方官与领事官会同审办，各按本国之律例，公平讯断。②

可见，对于"葡原华被"的中葡纠纷，中国官员完全可以依照条约来行使自己的司法审判权，通过有法可依，从而防止葡方对这一方面治外法权的攫取。

不过，条约亦并非无所不包，在无约可引的情况下，中国官员往往

---

① 王铁崖. 中外旧约章汇编：第 1 册 [M]. 北京：生活·读书·新知三联书店，1982：529.

② 王铁崖. 中外旧约章汇编：第 1 册 [M]. 北京：生活·读书·新知三联书店，1982：529.

就会采用某种具有一定法律性质的但又不是以国家立法形式表现出来的惯用规则①，来与葡人争夺"治外法权"，其效果和依约判定殊途同归。②

《葡领档案》如实地记载了多位中国广东官员与葡国领事为葡籍人士在华的司法审判权所进行的争斗。接下来，就葡籍华商商事纠纷来谈谈中方官员维护国家司法主权权益的意识程度，亦即葡方欲攫取中方更多治外法权但又不能事事成形的局面。其情势又分为两种：一是清朝广东官员依照《中葡和好通商条约》来对"通商口岸"的认定，二是中方依规对葡籍华商国籍的质问。

二、不能成为中葡交涉事件的条件：中方依约对"通商口岸"的甄别

（一）概说

19世纪末20世纪初，发生于中国境内的葡华民人纠纷，实际上是

---

① 这个规则就是习惯法，有关"习惯法"的内容，详情可见本章第三节。

② 关于近代中国治外法权沦丧的时间，学界大多数人至今为止都一以贯之地认为是在晚清朝时期，相对近期的学术成果有：赵晓耕. 试析治外法权与领事裁判权 [J]. 郑州大学学报（哲学社会科学版），2005，（5）：73. 赵晓耕认为，领事裁判权的产生，固然是因为中国传统法律给列强留下了口实和清政府对此缺乏警觉，但其结果是清政府丧失了对外国侨民的司法管辖权，司法主权的完整性和最高性不复存在，来华外国人得以利用此一特权欺压中国人，清政府却无法给予制裁。李冠儒. 晚清时期列强在华治外法权问题研究 [D]. 清华大学博士学位论文，2016：35. 李冠儒指出，"1901年，在义和团运动后，中国明显丧失了治外法权，譬如外国军队驻扎在北京和12个战略要地；东交民巷被划为使馆区，中国人不准居住，由各国驻军管理等情况。"其实，在"治外法权"方面，尤其是在涉及华洋纠讼时，存在着"华原洋被"或"洋原华被"的涉案情形，学界之前亦有过探讨，著者也认同其对于以"华原洋被"形式的中外纠纷与诉讼，中方丧失了治外法权的观点，因为中外和约的签订，就标志着中国已经失去在这一方面的治外法权。可进一步来说，在有关"洋原华被"方面的治外法权中，西人并不能够屡屡得手，这与学界之前探讨的西国领事时不时干涉此类形式的中外纠纷，成功攫取"治外法权"的情形相吻合，可资参阅的有吴颂皋的《治外法权》、孙晓楼的《领事裁判权问题》等著作，他们都谈到过列强们偶尔会通过外交威慑等方式来威逼清廷官员就范而攫取此种类型的治外法权。

葡萄牙人在中国不断获取及扩充司法自治权的阶段①。而这个阶段则以1887 年《中葡和好通商条约》的落实得到了法律上的确认（葡方获得了在华领事裁判权的终极法律依据）。葡萄牙人除了在自己掌握的"华原葡被"纠纷中极力维护葡籍人士的既得利益外，更是为维护葡籍人士的最大权益而伺机攫取由中方所掌控的"葡原华被"案件的司法审判权。

鉴于此，中方提高了维权意识，与葡方围绕"治外法权"展开了激烈的争辩。按照《中葡和好通商条约》的相关规定，葡籍人士于内地的营商投资等活动只能限定在广州、厦门、福州、宁波与上海，其他内地城市尚未被纳入其中，通俗来讲，就是如果葡籍人士在非五口通商城市从事营商投资活动②，不能被《中葡和好通商条约》认可，得不到法律上的保障。

因而，中国官员就可以参照条约的规定以"五口通商城市"与

---

① 葡萄牙时任驻澳门中尉兼法学家桑帕约认为，澳门人是生活在葡萄牙国旗的保护之下的。SAMPAIO M D C. Os Chins de Macau ［M］. Hong Kong：Typographia de Noronha e Filhos，1867：50. 不可否认，葡萄牙人于 19 世纪末至 20 世纪初在中国境内为包括大量澳门华商在内的"籍民"提供了司法保护，尤其以"葡华民人纠纷"为甚。这是葡萄牙人不断蚕食中国的司法主权的表现。

② 关于"通商口岸"议题，我们用两个引文可以得知。其一，《中葡和好通商条约》第十六款之规定："大西洋国商民在通商各口地方买地、租地或租房，为建造盖屋，设立栈房、礼拜堂、医院、坟基均按民价公平定议照给，不得互相勒掯。至于内地各处并非通商口岸均议定不得设立行栈，以防华商假冒影射之弊。"王铁崖. 中外旧约章汇编：第 1 册 ［M］. 北京：生活·读书·新知三联书店，1982：525. 其二，在《葡领档案》第 11 册的"邓世清控赖阿楷一案"中，由于葡籍华商邓世清欠华商张伟邦等人款项，张伟邦就向葡方领事馆进行了控诉，他在控称时告知葡领事"查照约章得知，洋商欠华民债务，民能赔缴者，务须尽数追缴。邓世清既系西洋籍人，竟在龙江拱日门开晋兴银店，又在龙山伙开同安当，又在石城开广章等店，均系内地非通商口岸，碍难认作交涉办理，伊家资颇厚，完全有还款能力"。所以，张氏的话也可用以辅证，因为佛山并非"五口通商"之地。广东省立中山图书馆，澳门基金会，葡萄牙外交部档案馆，等. 葡萄牙外交部藏葡国驻广州总领事馆档案（清代部分·中文）：第十一册 ［M］. 广州：广东教育出版社，2009：98-114. 此话题还会在后续穿插论述。

"非五口通商城市"为处置问题的条件，来把葡籍华商的商事纠纷案件认定为"非交涉事件"，以防止葡人攫取治外法权。

这里用档案中最具代表性的"刘有庆控饶氏晋华庄欠款案"来对论点进行分析（此案内容充实，过程完整详细）。

（二）刘有庆控饶氏晋华庄欠款案

西洋籍商人刘有庆在光绪二十九年（1903）闰五月向葡总领事官称，他在佛山镇汾宁里合聚店投资经营布匹生理，已经与晋华商号合作多年，彼此相安无异。不曾想到，就在当年，晋华店东饶鹿生、饶衍万兄弟等突起不良意图，竟然串同叔伯兄弟等将晋华号店货物一概搬迁至干泰号饶祐屏、谦记号饶子尧、开汇号饶东凤等处另作生理，还联串饶祐屏、饶子尧、饶东凤等人将晋华运来合聚之数百件布匹私自霸占，同时关闭了晋华庄店面。故此，刘有庆请求葡领事照会督宪札饬按名拘案讯追饶氏晋华庄东主等人，并希望查封与变抵其产业，以归债款及货钱而维血本（按：依照刘有庆的说辞，在光绪二十九年内，合聚店先后揭钱共计一万八千六百两正给晋华庄）。

随后，葡总领事为刘有庆控饶氏晋华庄借款不还一事照会了署理两广总督岑春煊。葡方提出了下述要求：

> 照会贵部堂查照迅请札饬兴宁县务将晋华店饶鹿生、饶衍万，干泰店饶祐屏，谦记号饶子尧，开汇号饶东凤等拘案押令，清还查封变抵给领，按骗人财物律讯办。①

并认为中方应该遵照执行，否则将"无视公道"。在经过细致的调

---

① 广东省立中山图书馆，澳门基金会，葡萄牙外交部档案馆，等. 葡萄牙外交部藏葡国驻广州总领事馆档案（清代部分·中文）：第九册［M］. 广州：广东教育出版社，2009：274-275.

查后，当年的闰五月十八日，岑督第一时间复函葡领事，他在信中给出了自己对于该案的处置意见，他觉得此案不能按照和约而将其认定为中葡交涉事件，因为首先佛山不是通商口岸，其次刘有庆若是洋商，就不应该在内地开店，既然佛山合聚店的资本委系为刘所有，那么按照中条约的规定，是不被允准的。其言：

> 查佛山系内地不通商口岸，按照约章，洋商不能在内地开设行栈，刘有庆既系西洋国商人，自不应有在佛山内地开店之事，据称佛山镇汾宁里合聚布店生理向系该商资本，是该店即系刘有庆所开无疑，按照约章，殊有不合，碍难认作交涉案件办理。①

所以，"刘有庆一案"也就应该参照华民章程来处置。期间，葡领事往复催促中方，赶紧按照之前葡方所提意见结案了事。

光绪二十九年（1903）六月二十六日，两广总督岑春煊再经过细致查讯分析后发文告知葡领事，他关于刘有庆案的最终看法。岑春煊认为，合聚店并非刘有庆所开，刘不应该过问该店与他人往来的债项：

> 如有果合聚店收过刘有庆资本，允为代办布匹并不将货清交，自应惟该店经手是问。②

现在合聚店以被饶鹿生等揭欠巨款为辞，难免不会俾人心生疑问，

---

① 广东省立中山图书馆，澳门基金会，葡萄牙外交部档案馆，等．葡萄牙外交部藏葡国驻广州总领事馆档案（清代部分·中文）：第九册［M］．广州：广东教育出版社，2009：281-283.

② 广东省立中山图书馆，澳门基金会，葡萄牙外交部档案馆，等．葡萄牙外交部藏葡国驻广州总领事馆档案（清代部分·中文）：第九册［M］．广州：广东教育出版社，2009：283-289.

其是否借托图索"刘有庆资本"①，对此岑春煊质疑合聚店在欺骗葡领事，希望葡领事不要被愚弄，并提议：

> 刘有庆资本系交合聚店代办布匹，如有纠葛，应与该店自行清理，倘不能清理，尽可禀由贵总领事官照会本部堂，自当札行地方官为之究追其饶鹿生等揭欠合聚店欠项，另是一事与刘有庆无干，如果实有其事，应该由该合聚店东主自行呈请地方官究追就行了。②

（三）评析

"刘有庆一案"从案发时间上来看，发生于中方第一次要求废除西人领事裁判权，收回自身司法主权的 20 世纪初期。这与清政府自进入 20 世纪后，在中外混合纠纷中加大了对"治外法权"的关注力度，更加主动地去维护国家的司法主权有关，两广总督岑春煊所做的积极回应就能够充分说明问题。

具体到案例上，该案属于"葡原华被"的两造情形，其司法审判权按照《中葡和好通商条约》的规定应归属于中国，但葡国领事却多番纠缠，不仅意欲竭力维护葡籍人士的权益，甚至还打算攫取中方在此案中的司法审判权，并进行了强有力的发声，葡方曾反复提出意见称：

> 照会贵部堂查照迅请札饬兴宁县务将晋华店饶鹿生、饶衍万，干泰店饶祐屏，谦记号饶子尧，开汇号饶东凤等拘案押令，清还查

① 广东省立中山图书馆，澳门基金会，葡萄牙外交部档案馆，等．葡萄牙外交部藏葡国驻广州总领事馆档案（清代部分·中文）：第九册［M］．广州：广东教育出版社，2009：283-289.
② 广东省立中山图书馆，澳门基金会，葡萄牙外交部档案馆，等．葡萄牙外交部藏葡国驻广州总领事馆档案（清代部分·中文）：第九册［M］．广州：广东教育出版社，2009：287-289.

封变抵给领，按骗人财物律讯办。①

他们据此还认为，中方如不照做将有违"公道"。诸如此类的措辞，便是最好例证。

不过，中方两广总督岑春煊对此提高了警惕性，采取了相关行动，维护了自身的司法审判权。两广总督岑春煊于第一次照会葡领事穆礼时时，就明确指出了刘有庆属葡国籍民不应该在非通商口岸的佛山开店营商，中方不可能将其当成中葡交涉事件来处置（事后查得该店并非刘所开设）。

换句话说，岑春煊的定论依据的是《中葡和好通商条约》中有关于葡籍人士在华从事商业投资活动只能限定在广州、厦门、福州、宁波及上海等五个通商口岸进行这一规定。② 也就是说，除了这五个城市

---

① 广东省立中山图书馆，澳门基金会，葡萄牙外交部档案馆，等．葡萄牙外交部藏葡国驻广州总领事馆档案（清代部分·中文）：第九册［M］．广州：广东教育出版社，2009：274-275．

② 显而易见，两广总督岑春煊依据的是《中葡和好通商条约》第十一款之规定。其言："所有大清国通商口岸均准大西洋国民人等眷属居住、贸易、工作，平安无疑，船只随时往来通商，常川不辍。"王铁崖．中外旧约章汇编：第1册［M］．北京：生活·读书·新知三联书店，1982：524．当然，此处需要理清楚一个问题，《中葡和好通商条约》所谓的"所有大清国通商口岸"实际上只包括了中英《南京条约》规定的广州、厦门、福州、宁波及上海。探究其原因，是因为佛山成为通商口岸的时间晚于《中葡和好通商条约》的落实。1897年，《续议缅甸条约付款》规定了"三口通商"，佛山正式开埠，而《中葡和好通商条约》的签订则在1887年。所以，岑春煊依约论断将佛山排除在"五口通商"之外，是合情合理的。同时还应该进一步注意一个问题的存在，即葡国只享受"一体均沾"之"五口通商"权益，并不享有之后所开放的诸如英美能够享受到的汕头、天津等通商口岸之权利，即依然被限定在"五口通商"之处，这是中葡1843年谈判的结果，尽管1862年中葡间达成了《中葡和好贸易条约》，其中的通商口岸涉及汕头、天津等埠头，但因其存在歧义而在两年后被清政府废除，而1887年的《中葡和好通商条约》并没有具体指明哪些城市为通商口岸，因此，《中葡和好通商条约》也就只赋予了葡方中英《南京条约》中"五口通商"之权利。

外，葡籍人士在内地其他城市进行投资营商的行为不被允准，如果他们前往这些城市进行投资，一旦牵涉进华葡纠纷，中方便可以依照条约，将其所涉纠纷案件否决为"中葡交涉事件"，进而就避免了交出自身司法审判权情况的出现。①

其实，岑春煊关于刘有庆如果系委托投资经营也该由刘有庆所委托的店东去中方指定的官府呈控一话的确也是在对他自己初次意见——"根据约章，非通商口岸不得有西人之资本亲自投入运营"以及"碍难认作交涉案件办理"的强调。盖如清朝大臣何桂清所说的那样，维持中外关系靠的不是大清的制度，而是中外之间的条约，他为此指出："中外交涉事件，有不能凭律例以决断者，全恃条约以为范围。"②

所以说，像刘有庆这样的葡籍华商，他们虽然拥有葡国国籍，得到了葡领事的保护，但如果因为其到内地的非通商口岸从事诸如开店生理之类的商业活动，中国官员当然有足够充分且正当的理由，即依据《中葡和好通商条约》中有关"通商口岸"与"非通商口岸"的规定，来对其领事官想要将华葡商事纠纷当作中外交涉事件的强词进行回绝。这样，就能使自己在中葡的"治外法权"之争中占据有利地位，以避免自身司法审判权的丧失。职是之故，中方官员所做出的论断既合理，又合法。

---

① 《中葡和好通商条约》第五十一款规定："大西洋国民人如有控告大清国民人事件，应先赴领事官衙门递禀，领事官查明其情节，须力为劝和息讼。大清国民人如有赴领事官衙门控告大西洋国人者，领事官亦应查核其情节，力为劝息。若有不能劝息者，应由大清国地方官与领事官会同审办，各按本国之律例，公平讯断。"可见，就"刘有庆一案"来说，如果中方将其认定为"交涉事件"，那么中方就将交出自己的司法审判权力，同时也就丢掉了"治外法权"，因为葡方达到了"各按本国律例讯断"的目的，结语部分将会对"各按本国律例审断"这一问题进行追加阐析。王铁崖. 中外旧约章汇编：第1册 [M]. 北京：生活·读书·新知三联书店，1982：528.

② （清）贾桢等. 筹办夷务始末（咸丰朝）：第四册 [M]. 北京：中华书局，1979：1197-1198.

三、葡领事交涉的失败：中方依规对葡籍华商国籍的质问

（一）概说

中外条约（含《中葡和好通商条约》）规定了中西混合案件尤其是"洋原华被"诉讼案件的处置程序，它是由中国之地方官员主持审理，并按中国律法裁断，西方领事参与案件会审①的一种司法审判模式。换言之，其司法审判权力掌握在中方手中，中方可以依据条约来维护自己的司法主权权益。

因此，在上一小节中，我们看到了中方官员维护司法审判权权益的积极作为，在否认某些华葡纠纷案件为中葡交涉事件上的有理有据。可是，《中葡和好通商条约》无法做到面面俱到，其所规定的权利与义务内容难保没有遗漏，这也就导致了中方不可能屡屡照约来维护自身的司法主权权益。如此看来，中方只得另辟一条"合情合理、合法合规"的途径，以对抗葡人打算攫取"治外法权"的行为。

基于此，本小节将探讨中葡"治外法权"之辨中，中方"维权"意识的另一种表现形式，即中方在无约章可用的前提下，不承认构成中葡交涉事件的第二缘由——他们依规对葡籍华商葡籍身份的否决。以下试举数例说明之。

（二）吴敏三受控被押事

该案始末如下：本籍为广东东莞的吴敏三，在天津开平煤矿总局从事管理工作。光绪二十四年（1898），其与广东人卢勉三、崔保之等合办天津东兴和花生商号，其中卢任总司事，崔负责账目总管，吴敏三是最大股东。1900年，因爆发义和团运动，天津东兴和华生店被迫关闭，三人一同回粤。回粤前，天津东兴和华生店尚还有一笔欠款未偿清于天

---

① 蔡晓荣. 晚清华洋商事纠纷之研究［D］. 苏州大学博士学位论文，2005：69.

津天茂祥商号。①

光绪二十七年（1901），天茂祥派人赴粤追债，吴敏三给付了自己认为应该偿还的数目。翌年，刘肇元代表天茂祥商号再次来粤追讨剩余债款，他找到吴敏三后，便将其控告到了南海县衙，南海县宪关押了吴敏三，还下令吴敏三务必速速还款。

之后，南海县官府又查封了吴在省城广州的商铺。吴敏三为此向葡领馆申冤，葡方遂即介入此事，并数番照会粤地方官府，希望中方立马放人，然后饬诉中方，让中方交出关于此案的审断权。

前后两任两广总督德寿与岑春煊亦叠次复函葡国领事，在回复中，他们一致认为吴敏三在南海县初审时，自称为东莞人，复审时则改供称自己是葡籍公民，吴敏三的国籍涉嫌重大违规，因而不予承认其葡国公民身份，同时请葡方领事毋须干涉中方的内政事务，本案自然也不会被认定为中葡交涉事件。

此后，吴敏三被押三载，他始终坚称不应该由他独自承担全部的债款，还认为卢崔两人皆有不可推卸的偿债责任。最终，原告天津天茂祥的刘肇元觉得继续纠缠吴敏三定将于事无补，需要另行起诉卢勉三与崔保之等人，所以他主动向中方提出了释放吴敏三的要求。

显然，该案属一则内地商民控告葡籍华商的商事纠纷案件，原告刘肇元（天茂祥商行代表）以葡籍华商吴敏三欠款不还一由将其告到了中国南海县官府，中方官员随后就将吴敏三关押了起来。为了保护切身的利益（希望释放自己，要求合伙人崔保之等人赔偿欠款），吴敏三向葡萄牙驻广州领事官提起了禀控，葡方随后便向中方提出了务必速速放人的主张。

---

① 广东省立中山图书馆，澳门基金会，葡萄牙外交部档案馆，等. 葡萄牙外交部藏葡国驻广州总领事馆档案（清代部分·中文）：第十三册 [M]. 广州：广东教育出版社，2009：346-442.

出乎意料的是，中方前后两任两广总督均以吴敏三的国籍为出发点，对吴敏三及葡方发出了强有力的质疑。其中，德寿不承认葡方所引的《中葡和好通商条约》第四十五款之内容，他为此反驳道：

> 贵总领事官早已知之，现接来文所引中葡条约第四十五条并非指华民入洋籍者而言。至谓吴敏三既经贵署认其为西洋人并准其挂号则中国官员即应认为西洋人无异等语，本部堂亦碍难允认。①

而岑春煊更是对德寿所给葡领事的答复做了补充，直截了当地对葡领事想把此案当作"交涉事件"以释放吴敏三的提议做出了否定回答，并且还向葡方发出了四连追问，霸气地反击了葡方欲窃"治外法权"的目的，说自己不可能承认吴敏三的葡国公民身份。其言：

> 吴敏三在内地置产居家，又与华民合伙经商，既受中国人民利益，自应服从中国律法，无论是否曾在澳门入籍，均应由地方官自行审办，于条约并无干涉，何来交涉。譬如有贵国人虽在别国入籍而仍于贵国地方置产居家及得受土著人民各项利益，当在别国入籍之时亦未经贵国允认，则贵国官员将视为本国人民乎？抑是视为别国人民乎？其人设或因事在贵国地方与人涉认讼，则贵国官员将按本国律例审问乎？抑交回其人入籍之国讯办乎？公法具在，谅非强词所能夺也，望贵总领事官详细思之。②

---

① 广东省立中山图书馆，澳门基金会，葡萄牙外交部档案馆，等. 葡萄牙外交部藏葡国驻广州总领事馆档案（清代部分·中文）：第十三册［M］. 广州：广东教育出版社，2009：366-367.

② 广东省立中山图书馆，澳门基金会，葡萄牙外交部档案馆，等. 葡萄牙外交部藏葡国驻广州总领事馆档案（清代部分·中文）：第十三册［M］. 广州：广东教育出版社，2009：417-419.

话说回来，本案还存在着一个比较耐人寻味的地方，那就是作为原告的内地商人刘肇元并没有向葡领馆进行控诉，而是将吴敏三告上了中国地方官府，并最终由中方律法对吴敏三进行了制裁。这也许是他不知道吴敏三葡籍身份的缘故，因为按照《中葡和好通商条约》第四十八款的规定，刘肇元应该先行前往葡领馆提起控告才对，因此本案打破了条约的规定以及处理中外纠纷的"原告就被告原则"，于是才会有葡国领事官在后来要求中方交回司法审判权的主张。①

不过中方始终站在捍卫国家司法主权权益的立场上，并没有将此案交由葡方来审判。进言之，在是否构成中葡交涉事件的态度上，德寿与岑春煊等两广总督一直坚持从葡籍华商的国籍出发来提出自己的意见，进而对葡方进行回绝。

其中，德寿提及的"《中葡和好通商条约》第四十五条并非指华民入洋籍者"② 虽有点牵强附会，但他维护国家司法主权的意识之高着实让人钦佩；岑春煊则是以一套颇具法度意味的说辞言明了"吴敏三一案"与条约无关，不论条约如何规定，吴敏三既然于内地享有诸如置业定居等华民之权益，那么他的国籍也就依然属于中国，他也还是大清

① 《中葡和好通商条约》四十八款内容为："大清国人如有欺凌伤害大西洋国人者，由大西洋国官知照大清国地方官，按大清国律例自行惩办。大西洋国人如有欺凌伤害大清国人者，亦由大清国官知照大西洋国领事官，按大西洋国律例惩办。"王铁崖. 中外旧约章汇编：第 1 册 ［M］. 北京：生活·读书·新知三联书店，1982：528.

② 关于前述德寿口中提到的《中葡和好通商条约》第四十五款，经著者查询该款以及其他条款的内容后得知，中葡条约并无有关于华民入葡籍的细则，第四十五款的内容为："大清国大西洋国交犯一节，除中国犯罪民人有逃至澳门地方潜匿者，由两广总督照会澳门总督，即由澳门总督仍照向来办法查获交出外，其通商各口岸，有犯罪华民逃离大西洋国寓所及船上者，一经中国地方官照会领事官，即行查获交出；其大西洋国犯罪之人有逃离中国地方者，一经大西洋国官员照会中国地方官，亦即查获交出；均不得迟延袒庇。"王铁崖. 中外旧约章汇编：第 1 册 ［M］. 北京：生活·读书·新知三联书店，1982：528.

子民，他的司法审判权，即司法管辖权仍然应归属于中方，所以不能将本案认定为中葡交涉事件而交由葡方处置。

（三）林璧光被控欠款受拘押案

该案大致始末如下：[①] 光绪三十二年（1906）的一天，澳门葡籍华商林璧光向葡萄牙驻广州总领事馆禀控，称自己被广东澄海县衙拘押，因此，他请求葡方为他照会中方官员，并向中方提出释放自己的主张。

葡领事随后便以强硬的措辞照会了惠潮嘉兵备道等中方官员，希望中方能够按照葡方的要求速速解决林氏被押一事。

在收到葡领事的照会后，惠潮嘉兵备道沈传义做了函复。不过，沈的回答显然未令葡国领事官满意，因为沈传义以林璧光国籍存在着疑问，该纠纷实属中国民人间的讼案为由，对其进行了回拒：

> 各国洋人不得在中国内地置有一切产业，中国民人既入洋籍，应照洋人一律办理，不得享有内地产业权利。倘有违约，仍照中国百姓究办等因，自应遵照。现林璧光家住鮀浦市乡，系属内地置买房业开设行栈，即为享有内地产业权利，既被控追倒欠，自应仍照中国百姓究办。[②]

鉴于中方不肯释放林璧光，葡领事派出了罗沙露、卢逸波等葡国委员前来潮汕会商，希望能够找到解决林璧光一事的办法，并在得出意见后去信中方。但是，他们给中方的提议依旧遭到了回绝。中方给出的反

① 广东省立中山图书馆，澳门基金会，葡萄牙外交部档案馆，等. 葡萄牙外交部藏葡国驻广州总领事馆档案（清代部分·中文）：第一册［M］. 广州：广东教育出版社，2009：229-312.
② 广东省立中山图书馆，澳门基金会，葡萄牙外交部档案馆，等. 葡萄牙外交部藏葡国驻广州总领事馆档案（清代部分·中文）：第一册［M］广州：广东教育出版社，2009：245-249.

驳理由是：林璧光虽是葡国籍民，可他在中国内地拥有置业，享有华人之权利，并不能按照籍民的条件来进行办理，即应该按相关的惯例将其来作为内地居民对待。所以，此案系华民钱债词讼，应由中国地方官办理，外国人不得干涉，亦"碍难允认为交涉一事"。①

后来，林璧光病死狱中，该案得以结案。

可以说，1906 年发生的这一起葡籍华商被控案和前文的"吴敏三案"比较类似。首先，该案发生于 20 世纪初期。其次，它同样是"华原葡被"的涉案情形。再次，中方官员维护国家司法主权的意识均比较强烈。

这里，需要阐述的是最后处置该案并实际上做出结案陈词的新任署理惠潮嘉兵备道台吴煦在回绝葡领事时所说的话，其不仅是在对他前任兵备道沈传义所提意见之重申，也是在用一种"规则"来表达对葡方领事官强横索求的不满。其曰：

> （林璧光）既在中国内地置有产业，享有权利，自不能再照籍民办理。案系华民钱债词讼，就由中国地方官秉公核断，无庸由领事派员会讯。曾经督部堂照复贵前满领事有案，何以此次贵总领事仅凭该籍民一纸禀词，并不查明案卷，遂行派员来潮，实非意料所及。②

所以，他据此为由并未随意将本案认定为中葡交涉事件，使得葡方

---

① 广东省立中山图书馆，澳门基金会，葡萄牙外交部档案馆，等. 葡萄牙外交部藏葡国驻广州总领事馆档案（清代部分·中文）：第一册［M］. 广州：广东教育出版社，2009：274-303.

② 广东省立中山图书馆，澳门基金会，葡萄牙外交部档案馆，等. 葡萄牙外交部藏葡国驻广州总领事馆档案（清代部分·中文）：第一册［M］. 广州：广东教育出版社，2009：299-303.

攫取"治外法权"之行径无疾而终。当然，林璧光最后因受中方律法的制裁而死于狱中，也见证了中葡"治外法权"之争中，中方官员维护权国家司法主权权益意识的坚定及其态度的硬朗。

（四）卢九承办小闱姓博彩案

该案始末可见本书第三章的内容，这里只针对两广总督岑春煊对"卢九一案"不能构成中葡交涉事件所做的认定进行详细叙述。

在"卢九一案"中，中方官员岑春煊曾多次对卢九的国籍提出异议，以回绝葡领事提出的一系列主张，坚定地维护了中国司法主权的独立性。其中，岑春煊于第一次复函葡领事时指出：

> 查该商旋于光绪二十四年，在湖北巡抚第二十七卯册报案，内以监生卢华绍之名，报捐盐运使职衔。自称新会县人，并开具年貌三代，造册报部。有案嗣复历保顶戴广西道员，均有案卷可稽。是该商于奉准隶入贵国民籍之后，又已弃去，复为华民。按照公法，即不能再作贵国人民看待。中国于民人跨籍一事，例禁甚严，即贵国律例亦有一人不得入两籍之禁。该商卢九本系华民，在贵国入籍，并未报明中国官核准。随后复自认为华民，现因承办小闱姓饷项一事，又欲冒认葡籍，任意诪张，系以一人兼入两籍，希图并享两国人民权利。按照中葡法律，均应从严究办，以昭儆戒。谅贵国政府，如果深悉该商此等行为，并当严行查究。总之该商系中国百姓，确有凭证，不能认作贵国籍民看待。所有该商承办小闱姓饷项之事，应如何办理，系中国内政，自可无庸与贵总领事议及相应照复贵总领事官查照。[①]

---

① 广东省立中山图书馆，澳门基金会，葡萄牙外交部档案馆，等. 葡萄牙外交部藏葡国驻广州总领事馆档案（清代部分·中文）：第十一册［M］. 广州：广东教育出版社，2009：407-408.

在第二次答复葡领事如何解决卢九之事时，他又称：

来文谓卢华富并未实受中国官缺，虽难受中国赏以二品顶戴广
西道员，仍不能失其西洋人之籍等语。查卢华富系保举广西候补
道，即系实职官阶与宝星虚衔不同，且其先后报捐监生及盐运使职
衔。均据呈明籍隶广东新会县，嗣在广东省局承办小闱姓，屡次具
禀，从未提及系西洋籍人，确有明证。该商在中国则认中国人，在
澳门则入贵国籍，系以一人兼享两籍利益。贵总领事不禀明贵国政
府严究该商混冒之罪，反以该商居住在澳门，应由贵国保护为词。
查华商在澳门居住，自应由贵国保护。一经回至内地，即应仍受中
国官管辖。此等办法乃各国律法所公认，况该商系在广东承办小闱
姓，更与澳门无干。总之卢华富系中国人，禁止小闱姓又属中国内
政，与贵国毫无干涉。应请贵总领事官勿庸过问至贵国政府及澳门
官员。此次卢华富之事，于中国主权大有关系，碍难通融。①

当然，葡方自然不会善罢甘休，还拿出了葡国大君主签字同意卢九
入籍葡国的御批以示证明，但依然没有得到岑春煊的认可，其更认为卢
九涉案与中葡交涉无关，同时要求葡方注销卢的葡籍护照：

卢华富实系广东新会县人，历保中国实职官员，断不能认作西

---

① 广东省立中山图书馆，澳门基金会，葡萄牙外交部档案馆，等．葡萄牙外交部藏葡
国驻广州总领事馆档案（清代部分·中文）：第十一册［M］．广州：广东教育出版
社，2009：415-421．

洋人。其承办小闸姓，又经声明，不附洋股，更与交涉无干。①

后来，葡国外务部专程派委员向大清外交部进行申控，要求清廷废除岑春煊的禁令，并依据葡方的建议来对卢九进行赔偿。② 不过，大清外交部支持了岑春煊对此案的判定，不允许卢氏继受小闸姓。

作为"葡原华被"涉案情形的"卢九一案"，我们看到了中葡将"治外法权"之争上升到了更为显眼的国家层面，只是在中方相关官员积极采取措施应对的情况下，葡方想要获得卢九一案司法审判权的如意算盘并没有打成。也就是说，中方拿出了相关依据，拒绝了葡领事欲将此案当作交涉事件来对待的意见。这个依据就是中方在多个葡籍华商商事纠纷中所沿用的判定规则，即卢九享有了本应该只属于内地华民才能享有的权益。因而，中国官员维护了国家的司法主权权益。

四、小结

综合上述三则纠例概见可知，清朝地方官员在华葡商事纠纷中表现出了一种较为强烈的维护国家司法主权的意识。亦即是说在这些商事纠纷里，不论葡籍华商的涉案情形是为"葡原华被"，还是"华原葡被"，中方官员都会积极采取行动，来与葡国领事争夺中葡案件的审判权力。今人孙宏年就清政府利用条约来维护主权利益的正当性做过评论，他表示，20世纪初的清政府由于对国际公法有了更多的认识，尤其是对那

---

① 广东省立中山图书馆，澳门基金会，葡萄牙外交部档案馆，等. 葡萄牙外交部藏葡国驻广州总领事馆档案（清代部分·中文）：第十一册 [M]. 广州：广东教育出版社，2009：424-425.

② 广东省立中山图书馆，澳门基金会，葡萄牙外交部档案馆，等. 葡萄牙外交部藏葡国驻广州总领事馆档案（清代部分·中文）：第十一册 [M]. 广州：广东教育出版社，2009：428.

些原本属于国内法调整的涉外纠纷被纳入条约领域问题的敏感，在中国日益丧失独立自主的主权地位面前，它遂便多次力图运用国际法的有关条款维护其主权。这种方式不仅适用于条约的规定，更合乎中外关系交往的正当性。①

不过，当"维权"行动在相关中外条约不可援用的前提之下，就得另找方法。案件中，基于中葡约章的不可援用，中方官员往往就依据了某种既有一定法律特征但又不是国家成文律法形式的，同时还被大量沿用的规则来对葡籍华商的国籍进行质询，最终使得葡国领事交涉失败。

显然，中葡在为"治外法权"的争夺过程中，中方官员有理有据的"维权"作为令葡方有些束手无策，以至于到后来葡国人出于对自身在华利益的考量而向清政府表达了妥善解决因葡籍华商国籍问题所起的华葡商事纠纷之意见。

所以，中葡就曾在光绪三十年（1904）《中葡商约》中达成了一项共识，当中的第八款明确规定了已入葡籍的华商在内地营商时所享有的权利与务必遵守的义务。其谓：

> 已入葡籍之华民，应杜其冒享华民所能独享之利益，即如在内地或不通商口岸居住贸易等事，……已入葡籍之华民，在通商口岸居住时，自称华民，与他华民立有合同者，必杜其嗣后恃已入葡籍，借乘此故，以所立合同与葡国某律例有背，冀以脱卸其责。②

---

① 孙宏年. 国际法东渐及其对近代中国疆界的影响刍议 [J]. 思想战线, 2019, (5)：95-102.

② 中国第一历史档案馆等. 明清时期澳门问题档案文献汇编：第三册 [M]. 北京：人民出版社, 1999：745.

只可惜，《中葡商约》的签订并没有从根本上解决问题，葡人多数时候下也近乎于睁只眼闭只眼，还继续表现出一种与中方争夺"治外法权"之势，所以中葡之间的商事纠纷依旧延续着。而退一步讲，葡籍华商所涉商事纠纷实际上还反映出了清政府无国籍立法的无奈，我们能够通过两广总督岑春煊在第一个案件和第二个案件中所言及的"公法"一词得到体会。

这里需要指出的是，岑春煊所提的"公法"指的是清政府颇具刑法性质的"户籍制度"。由于缺乏国籍法，清政府在涉及华民私改洋籍的事情，也就是针对此类情况所做出的"罪刑法定"方面参照使用的是《大清律例·户律》中的有关规定，即按所谓的"按之大清律例，入户以籍为定，其变乱版籍者，有治罪专条"来定罪。可想而知，将户籍管理办法用在国籍问题上，其制裁效果并不会尽如人意。①

诚然，在清政府维权意识的推动下，该来的始终会来，中国历史上第一部国籍立法顺势到来了。

第三节 《大清国籍条例》：被推动的国籍立法

一、概说

"国籍法（Nationality Law）"指的是拥有主权之国家对国民（公民）的国籍之获得、丧失、恢复及其相关权利与义务进行管理的法律条例。② 申言之，它不但关乎国民在入籍、出籍、复籍等方面的规定，

---

① 目前已有相关成果专门对此问题进行论述。蔡晓荣. 晚清华洋商事纠纷研究［M］. 北京：中华书局，2013：53-54.

② 李双元，蒋新苗. 现代国籍法［M］. 长沙：湖南人民出版社，1999：2-5.

还会关系到诸如领事保护等方面的内容。

遗憾的是，大清帝国在 1909 年之前一直都没有一部紧随国际潮流与时代发展的国籍律法。但这样的局面最终在宣统元年闰二月初七日，即 1909 年的 3 月 28 日被打破。因为在清政府为抵制荷属爪哇当局威逼当地华人加入荷兰国籍而仓促制定国籍律①的事实面前，在针对 20 世纪初内地华民蜂拥改籍的问题上②，被朝野各界千呼万唤的《大清国籍条例》得以出台。

其实，促成清廷当权者们修律立法的这一道谕旨，从本质上看，它还有一个被深埋的原由（即《大清国籍条例》颁布的客观成因之一），那就是大量澳门华商因入葡籍后到内地经商贸易时所遭遇到的商事纠纷。

因此，本节将以《大清国籍条例》的详细内容与《葡领档案》中葡籍华商所涉商事纠纷相结合的写作方式，来着重分析这些纠纷与《大清国籍条例》之间的关系。

二、《大清国籍条例》：大清子民身份鉴定的宝录

1893 年，清廷大解禁海令，越来越多的国民外出谋生，这必然要求中国当局给予他们在外交上的保护，加之此时期内地民人私改国籍现象的屡屡出现，国籍及其立法问题就愈益凸显。因此，在各种呼声与舆论压力下，公元 1909 年的 3 月 28 日（宣统元年闰二月初七日），中国历史上第一部关涉国籍问题的法规范——《大清国籍条例》③ 诞生。

---

① 乔素玲. 晚清国籍立法动因探析 [J]. 史海探究, 2015, (3): 64.
② 缪昌武, 陆勇. 《大清国籍条例》与近代"中国"观念的重塑 [J]. 南京社会科学, 2015, (4): 151.
③ 清政府在出台《大清国籍条例》的同时，还颁布了《大清国籍条例施行细则》。该细则是对《大清国籍条例》的补充说明。两者为根与本的关系。

该条例的出台填补了中国无国籍律的空缺，也对后世的历代中国政府在国籍立法的问题上产生了重要影响。而该条例的用意又相当明确，除了保护现有籍民在国内外应该享有的权益外，更是对华民擅自改籍的行为有了针对性的解决措施。

当然，在《大清国籍条例》尚未颁布以前，清政府始终坚持以父系血统主义（在无法认定父亲国籍的归属情况下，才会依照母亲的国籍来做判断）原则来对国民的国籍进行认定。[①] 也就是说，但凡具有中国血统的人既定为华民，其固有的中国国籍绝不会因改投外国国籍而被取消。这样，该法在此基础上确立了以"固有国籍、出籍、复籍、入籍"等内容为纲目的细则。接下来，将对此律法在"固有国籍"及"出籍"方面做辨析，以求大致窥得其貌。

（一）"固有国籍"——血统主义原则的"重现"

何谓国籍，其是指一个人隶属于某一国家国民（公民）的法律资格，是一个人同某一特定国家的固定法律联系。在这种法律关系下，个人（自然人）要对该国负有效忠的义务，其要服从该国的属人优越权。另外，当个人（自然人）的相关合法权益在他国受到侵犯时，国籍应当给予国籍国为个人行使外交保护的权利。它们之间的关系又可以界定为个人（自然人）对国籍国的隶属关系，是甄别本国人与非本国人（外国人或无国籍人）的依据。

换言之，一个人只要具有某一国家的国籍，便一直与该国具有一种管辖与被管辖、保护与被保护的权利义务关系。[②] 而"固有国籍"就是指在此基础之上建立起来的"一个人在一生中所具有的第一个国籍"。[③]

各国对固有国籍的确定，一般情况下采用两种原则，一种是血统主

---

① 刘华. 华侨国籍问题与中国国籍立法 [M]. 广州：广东人民出版社，2005：79.

② 周鲠生. 国际法 [M]. 北京：北京商务印书馆，1976：248-250.

③ 李浩培. 国籍问题的比较研究 [M]. 北京：商务印书馆，1979：45.

义，另一种是出生地主义，中国取前者。中方之所以会重视"血统主义"原则，其主要原因来自三个方面：

其一，"血统主义"原则的运用历史不仅要早于"出生地主义"，而且在当时的欧洲大陆盛极一时。李浩培先生就对此认为，"国籍是从家族或部落的成员身份中发展出来的"①，而出生地主义则是欧洲封建土地制度的产物。法国大革命以后，法国政府在 1791 年的宪法里确立了以血统主义为主的原则。②随后，诸如德国、芬兰和挪威等国均开始效仿法国，血统主义便就此风行起来。

其二，它符合中国以男权（父权）为主的历史文化传统。

其三，它是维系海外华侨与祖国的精神纽带。毕竟大多数生活在海外的炎黄子孙依然保留了中式的文化习俗，通过血统主义的原则来决定其国籍的归属，可以增加他们的民族向心力与爱国热情。

因此，《大清国籍条例》第一条就开宗明义：

> 生而父为中国人者；生于父死以后而父死时为中国人者；母为中国人而父无可考或无国籍者。以上人等无论是否生于中国地方，均属中国国籍。③

此处有个地方要说明，"固有国籍"因其建基于血缘关系，所以它对"出籍"起着决定性的作用，没有"固有国籍"，"出籍"便无用。

（二）"出籍"：清籍子民身份的鉴别

"出籍"是指个人丧失了其之前在某一特定国所获得的国民（公民）身份。在此方面，对于已脱离或者想要脱离大清国国籍而加入外

---

① 李浩培．国籍问题的比较研究 ［M］．北京：商务印书馆，1979：46.
② 李浩培．国籍问题的比较研究 ［M］．北京：商务印书馆，1979：46.
③ 丁进军．清末议行国籍管理条例 ［J］．历史档案，1988，（3）：54.

国国籍的国民，《大清国籍条例》第十六条做了说明，其规定："凡中国人出籍者，所有中国人在内地特有之利益，一律不得享受。"①

可见，华民改籍后不能够享受到大清子民的相关待遇，在内地从政为官照样不被允许，否则改籍无效。第十一条与第十八条则又对"出籍"的事宜进行了规定。第十一条规定："凡中国人愿入外国国籍者应先呈请出籍。"第十八条规定："凡呈请出籍者，应具呈本籍地方官详解，请该长官谘请民政部批准牌示，其在外国者应具呈领事，申由出使大臣或径呈出使大臣谘部办理。自批准牌示之日起始作为出籍之证。其未经呈请批准者，不问情形如何，仍属中国国籍其照第十三条，作为出籍者照第十条第三项办理。"

此外，在针对海外华侨归国时的国籍问题上，该律施行细则确定了"在本条例施行之前，中国人有并未批准出籍而入外国国籍者，若向居外国，嗣后至中国时，应于所至第一口岸呈明该管国领事，由该管国领事据呈照会中国地方官，声明于某年月日已入该国国籍，始作为出籍之证"的方针。

到这里，《大清国籍条例》最为重要的两个方面我们都已知晓，那么具体说来，葡籍华商商事纠纷又与此法有着怎样的关系？更至于说在这些商事纠纷中，清政府的官员们是否会借《大清国籍条例》来作为判案依据？答案是肯定的，而且还是一以贯之的。

① 《大清国籍条例施行细则》的第四条及第五条对此进行了更进一步的说明。如，第四条规定："本条例施行以前，中国人有并未批准出籍而入外国国籍者，若仍在内地居住营业或购置承受不动产，并享有一切中国人特有之利益，即视为仍属中国国籍。"第五条规定："本条例实施以前中国人有并未批准出籍而外国籍者若仍列中国官职即视为仍属中国国籍。"

三、葡籍华商商事纠纷被判败诉的依据：从习惯法转变为成文法的《大清国籍条例》

《大清国籍条例》的出台，意味着清廷从很大程度上有了限制清籍子民私入他国国籍的一大法宝，这也为各级官员在处置国民因擅入他国国籍而涉相关中外纠纷时提供了行之有效的解决措施。要说的是，当大量内地改籍国民所涉各种"华洋商事纠纷"摆在清政府面前的时候，广东的地方官员早就开始采用《大清国籍条例》的有关律条来对涉案澳门葡籍华商的国籍进行质问，这就让原先还未上升到国家明文规定层面的《大清国籍条例》开始以"习惯法"的形式运转起来，并最终为该律法形塑为大清帝国的成文王法奠定了智识上的基础。

以下，我们将再以葡籍华商的商事纠纷为例，来对上述问题详而探之。

（一）林璧光控陈策勋等强吞巨款案

该案的详细始末可以参见第四章与第五章的相关内容，此处仅对中方官员回绝葡方领事的话语进行具体描述。

葡籍华商林璧光为自己被控受押一事，于光绪三十二年（1906）去信葡国驻广州领事馆，向葡领事进行了相关控诉。

葡方在接到林璧光的控诉后，照会了中方惠潮嘉兵备道沈官员，并提出了"速刻放还本国籍民，解封伊产业，抓查陈策勋一干之辈，悉心妥办林璧光受屈被告押一事"等要求。①

随后，惠潮嘉兵备道沈官员立即去函回复，说中方不可能听命于葡方的有关要求，将林璧光进行释放。沈给出的理由是林璧光虽是葡国籍

---

① 广东省立中山图书馆，澳门基金会，葡萄牙外交部档案馆，等. 葡萄牙外交部藏葡国驻广州总领事馆档案（清代部分·中文）：第一册［M］. 广州：广东教育出版社，2009：233-234.

民，但他在中国内地置拥房业，享受到了华人的权利，不能按照大西洋籍民的条件来办理，只能将其按照内地居民来对待，"查核约章，各国洋人不得在中国内地置有一切产业，中国民人既入洋籍，应照洋人一律办理，不得享有内地产业权利。倘有违约，仍照中国百姓究办等因，自应遵照"。① 所以，林璧光依然被中方羁押在案。

（二）陈湝瞩与王伯慎互争宝庆新街房屋案

该案来自《葡领档案》第5册的记载，与第1册的陈湝瞩控王伯慎吞骗股本案有些联系。

光绪三十一年（1905）的七月初十日，葡籍华商陈湝瞩（陈季祝）向葡领事控告，称其在光绪二十九年（1903）四月与刘有庆合买坐落于广州城西太平门外宝庆新街房屋一所，随即翻建为楼房，也经登报刊示，并遵例赴县印契，同时又在葡国总领事署处登记，将原税契加印注册备案。只因他将该契存放于宝生当铺内，不料被该铺股东王伯慎（王祖祁）攫取，伺机霸占房产。所以，他陈请求葡领事向王伯慎追回窃据和房产。

此案很快被照会到南海知县胡铭槃处，胡知县展开了调查。本次调查传讯了与涉案相关的其他人员高田栖岸（打算在该铺开设教堂的日本僧人）与黎凤笙（争控房产的卖家）。

据二人的口供得知，陈湝瞩、刘有庆的呈辞显具虚假，其占铺之心叵测。高田言："该铺确系王祖祁等之业，已据缴验印契。无论刘有庆等胆也踞为己有，瞒准开设教会公所，实拨藉教强噬"②，而陈湝瞩庆

---

① 广东省立中山图书馆，澳门基金会，葡萄牙外交部档案馆，等. 葡萄牙外交部藏葡国驻广州总领事馆档案（清代部分·中文）：第三册［M］. 广州：广东教育出版社，2009：18-20.

② 广东省立中山图书馆，澳门基金会，葡萄牙外交部档案馆，等. 葡萄牙外交部藏葡国驻广州总领事馆档案（清代部分·中文）：第五册［M］. 广州：广东教育出版社，2009：62.

因"以诚昌店事,与讼奉府宪派委谕饬宝生当店,勿将季祝附项三千两交回,因此挟□恨图噬踞住"①。黎凤笙则说,其当时嘱胞弟步瀛立契交易于王伯慎,卖房之时"领咨赴公交车试"并没有与刘有庆等交易,陈湹瞩、刘有庆所称契据为假契据。

同年十一月,两广总督岑春煊根据南海知县胡铭槃的查证以及高田栖岸与黎凤笙的供词认为:

> 陈湹瞩、刘有庆由于宝生当不还欠款,就将王祖祁等宝庆新街当铺强行踞住,瞒笙日僧开设教堂,迨经日僧查出实情,将屋交还。陈、刘二者窃心不甘,又谬称契据存在宝生当内,被王祖祁等偷去。②

另外,鉴于陈、刘特殊的葡籍身份,岑督态度刚毅,又表示中方绝对不能接受他们的无理取闹,其言:

> 惟各国洋人,向不准在内地置产,是刘有庆等既称在宝庆新街及老城内天平街等处内地均有产业,今则其不能认作籍民。即使真系洋籍,亦不能听其任意欺凌扰害。③

---

① 广东省立中山图书馆,澳门基金会,葡萄牙外交部档案馆,等. 葡萄牙外交部藏葡国驻广州总领事馆档案(清代部分·中文):第五册[M]. 广州:广东教育出版社,2009:61.

② 广东省立中山图书馆,澳门基金会,葡萄牙外交部档案馆,等. 葡萄牙外交部藏葡国驻广州总领事馆档案(清代部分·中文):第五册[M]. 广州:广东教育出版社,2009:66-71.

③ 广东省立中山图书馆,澳门基金会,葡萄牙外交部档案馆,等. 葡萄牙外交部藏葡国驻广州总领事馆档案(清代部分·中文):第五册[M]. 广州:广东教育出版社,2009:72-73.

为了彻底查明原被两造之孰是孰非，谁真谁假，中方曾多次订下讯期，要求买方、卖方及其涉中人到场集讯。

第一次集讯日期为光绪三十二年（1906）九月七日，当时的南海知县虞汝钧下令，呼吁陈湴瞩、刘有庆与涉中人萧日卿、卖主黎凤笙到场，陈湴瞩却以乘船伤脚未能前来。随后，虞汝钧决定于光绪三十二年十月初六日再审此案，陈湴瞩又以心病就医需调理为由而未赴案参与集讯。

光绪三十二年（1906）十一月初一日，陈湴瞩又要求将此案交广州商会处理，可广州商会仍然没有处理结果。

这样，此案一拖再拖，无奈之下，两广总督委派傅汝梅（前南海知县）与现南番二知县共同审断，但陈湴瞩一方却认为傅汝梅断案不公，"傅前任南海县时会办理诚昌案件，不闇交涉，偏断责跪，有违约章"① 要求另外派人。

两广总督胡湘林为此事回复葡领事时称，不能同意陈的请求，因为：

> 查该案缠讼数年，本可即由地方官集讯断结，无庸委员会讯，只因贵领事官一再照请，是以周前部堂格外通融，添派委员会同讯断，以期早日结案。且中国派员审办案件，系中国大吏之权，葡方不能越俎干涉。所请另委别员，无此办法，碍难允准。②

至此，本案仍未完结，后续因葡领事官满思礼未到场出席会审、葡

---

① 广东省立中山图书馆，澳门基金会，葡萄牙外交部档案馆，等. 葡萄牙外交部藏葡国驻广州总领事馆档案（清代部分·中文）：第五册［M］. 广州：广东教育出版社，2009：242.

② 广东省立中山图书馆，澳门基金会，葡萄牙外交部档案馆，等. 葡萄牙外交部藏葡国驻广州总领事馆档案（清代部分·中文）：第五册［M］. 广州：广东教育出版社，2009：182-184.

方又觉得说中方有谳员傅汝梅在场审案大有不妥（担心傅汝梅有断案不公之情状）等原因而遭持续延宕，及至新任两广总督张人俊的出现，此案才算是做了了结。因为张人俊决定把该案注销，他给出的答复是：

> 此案缠讼已久，乃迭次展限，传讯陈湜瞩等，仍敢抗不到案，显系有意拖累，殊属藐玩已极。按照中国定例，凡原告两月不到案听审者，将所告之事不与审理等语，现在此案早经饬县，照例将案注销，应毋庸议。①

在销案后，陈湜瞩仍心有未甘，还登报声明，叙述了自己对此案的一些看法，其称："须要彼此商妥依约（《中葡和好通商条约》）公办，方能销案了结"，并指责中国官场腐败，偏向王伯慎一方，"铺屋及股份附项两案凭据确凿，而办理如此偏枯，则官场腐败嗜利之风忆可概见"及"今该案如此办法，是蒙混偏听任意罔为，实属有违条约"。②

（三）卢九承办小闱姓案

该案件的详细始末可参见本书第三章的内容，此处仅陈述两广总督对卢九案的认定依据。

光绪三十年（1904），葡籍商人卢九向葡国驻广州总领事控告，称两广总督岑春煊无故下令禁止其开办广东小闱姓博彩业，卢九希望葡领事能为他向中方官府索要赔偿。

葡方为此反复照会中国官府，与中方展开了长时间的交涉。交涉

---

① 广东省立中山图书馆，澳门基金会，葡萄牙外交部档案馆，等 . 葡萄牙外交部藏葡国驻广州总领事馆档案（清代部分·中文）：第五册［M］. 广州：广东教育出版社，2009：227-229.
② 广东省立中山图书馆，澳门基金会，葡萄牙外交部档案馆，等 . 葡萄牙外交部藏葡国驻广州总领事馆档案（清代部分·中文）：第五册［M］. 广州：广东教育出版社，2009：241-243.

中，中方官员始终坚称卢九的国籍存有问题，不让卢九继续承充小闱姓。其中，两广总督岑春煊与大清外务部官员均用同一套判词来对卢九的国籍进行认定，认为其在内地从政为官，享受了内地民人的权益，所以认定卢九仍是大清子民，并不是所谓的葡国公民，其言：

> 来文谓卢华富并未实受中国官缺，虽难受中国赏以二品顶戴广西道员，仍不能失其西洋人之籍等语。查卢华富系保举广西候补道，即系实职官阶与实星虚衔不同，且其先后报捐监生及盐运使职衔。均据呈明籍隶广东新会县，嗣在广东省局承办小闱姓，屡次具禀，从未提及系西洋籍人，确有明证。该商在中国则认中国人，在澳门则入贵国籍，系以一人兼享两籍利益。贵总领事不禀明贵国政府严究该商混冒之罪，反以该商居住在澳门，应由贵国保护为词。查华商在澳门居住，自应由贵国保护。一经回至内地，即应仍受中国官管辖。此等办法乃各国律法所公认，况该商系在广东承办小闱姓，更与澳门无干。总之卢华富系中国人，禁止小闱姓又属中国内政，与贵国毫无干涉。应请贵总领事官勿庸过问至贵国政府及澳门官员。此次卢华富之事，于中国主权大有关系，碍难通融。①

所以，卢九依靠葡国政府索回饷款的希望彻底落空了②。他因其国籍的问题没有获得控案的胜利，也就没能再继续承充小闱姓。

（四）朱裔敨控朱炳麒等人拖欠工料银案

葡籍华商朱裔敨自称是建兴和、建兴祥股东兼司事，应广东新宁县

---

① 广东省立中山图书馆，澳门基金会，葡萄牙外交部档案馆，等．葡萄牙外交部藏葡国驻广州总领事馆档案（清代部分·中文）：第十一册［M］．广州：广东教育出版社，2009：415-421．

② 林广志．澳门华人巨商卢九与广东小闱姓饷项纠葛［J］．中国经济史研究，2007，（2）：83．

绅朱炳麒、朱典元等（发包方）的要求承建文公祠宇。后来祠宇竣工，朱氏只收取了工程款项一万九千四百四十两，余下的六千五百二十四两未收（按合同实际该收取工料银二万五千九百六十四两，有贴签名为据）。孰料某一天，发包方派人前赴新宁县控告朱裔敬溢收银六千余两。新宁县衙门遂即在宣统元年（1909）三月把朱裔敬管押了起来。

朱为此去信葡领事穆礼时，央浼葡方照会新宁县衙，以将其速速释放，并诉讨朱炳麒等所欠其的工程款项。新宁县在接到葡领事的照会后，经过盘查，回信告知了葡方其关于此案的看法，"朱裔敬到案时并未言及其葡人身份，亦未据将护照呈验"，所以新宁县衙不同意葡方放人的主张。

宣统元年（1909）八月，朱裔敬再一次去信葡领事，诉称自己花费六十元，然后买通门役，逃离了新宁县，而新宁覃知县则将建兴和、建兴祥驻宁分号的司理朱裔勉抓去，还要控告朱基允（朱裔敬说新宁县令认为朱基允是共犯）。因而，朱裔敬请求葡领事馆照请两广总督将相关的人证、物证等带到省城进行会审，同时希望葡领事要求新宁县释放朱裔勉、朱基允。

宣统元年（1909）的十月初四，两广总督袁树勋接葡方照会后回复葡领事，认为本案系属于内地钱债纠纷，应该按照内地民控案件来进行办理，其给出的理由是：

> 惟该奸民朱裔敬抗追不缴，并潜匿，久不投案，理合禀请察核等由前来，当查奉颁国籍条例内载，凡生而父为中国人者，无论是否生于中国地方，均属中国国籍，其中中国人呈请出籍，应具呈本籍地方官详解，请该管长咨请民政部批准牌示，自批准牌示之日始作出籍之证。其未经呈请批准者，不问情形如何，仍属中国国籍。又本条例施行以前，中国人有并未批准出籍而入外国籍者，若仍在

内地居住营业，或购置及承受不动产并享有一切中国人特有之利益，即视为仍属中国国籍。今该籍民朱裔敬在新宁县属获海新昌等内地合股开设铺店，是其享受华人利益已久，又无呈请出籍之案，无论该民是否生长澳门，自应仍照华人办理，不能认为葡籍。①

至于朱裔敬所领的葡籍护照，袁督进一步表示不能认可：

  该民（按：指朱裔敬）所领游历护照是在该年（1909）二月间印签，系在该民涉讼以后，明知会有纷争之事出现的前提下，而瞒报葡领事所填发，其故意之作弊行为，中方不予认可。②

他同时敬告葡方，期冀葡领事方面能够即行注销朱裔敬的护照，以免因其一人顶两籍而产生不必要的复杂纠纷。

综上几则案例来说，有如下方面需要引起注意：

广东地方官员的判处理由与《大清国籍条例》及其施行细则在"出籍"方面的内容高度匹配，这成了葡籍华商商事纠纷败诉的依据。例如，第一则发生于光绪三十二年（1906）的"林璧光被押案"，广东官员拒绝葡方交涉的理由是"各国洋人不得在中国内地置有一切产业，中国民人既入洋籍，应照洋人一律办理，不得享有内地产业权利。倘有

---

① 广东省立中山图书馆，澳门基金会，葡萄牙外交部档案馆，等.葡萄牙外交部藏葡国驻广州总领事馆档案（清代部分·中文）：第三册［M］.广州：广东教育出版社，2009：18-21.
② 广东省立中山图书馆，澳门基金会，葡萄牙外交部档案馆，等.葡萄牙外交部藏葡国驻广州总领事馆档案（清代部分·中文）：第三册［M］.广州：广东教育出版社，2009：21-22.

违约，仍照中国百姓究办等因，自应遵照"。① 此言符合《大清国籍条例》第十六条及其施行细则第四条的相关规定。

而第二则发生于光绪三十一年（1905）的"陈湝瞙案"，两广总督岑春煊同样以"惟各国洋人，向不准在内地置产，是刘有庆等既称在宝庆新街及老城内天平街等处内地均有产业，今则其不能认作籍民。即使真系洋籍，亦不能听其任意欺凌扰害"② 为出发点，来对陈湝瞙与葡领事的提议进行回绝，这亦符合《大清国籍条例》第十六条与第四条的相关规定。

而在光绪三十年（1904）发生的"卢九一案"里，中方则以卢九在内地从政为官及其享有华民的权益为据，同样驳回了葡方所提的要求，这又与清政府国籍律施行细则第四条、第五条与第十六条对位。

至于最后一则于宣统元年（1909）发生的"朱裔敬控案"，广东官员的判词又与该律第十一条、第十八条及其施行细则的第四条分别对应。③

可以说，这样的一一对应关系并非偶然，它说明了《大清国籍条例》在时间上具有连贯性，同时又在司法审判的效用上具有一致性。进而，这个地方还需要延展详谈几点：

---

① 广东省立中山图书馆，澳门基金会，葡萄牙外交部档案馆，等. 葡萄牙外交部藏葡国驻广州总领事馆档案（清代部分·中文）：第一册［M］. 广州：广东教育出版社，2009：249-254.

② 广东省立中山图书馆，澳门基金会，葡萄牙外交部档案馆，等. 葡萄牙外交部藏葡国驻广州总领事馆档案（清代部分·中文）：第五册［M］. 广州：广东教育出版社，2009：72-73.

③ 在《葡领档案》中，还有个别案例也是发生于《大清国籍条例》颁布之后，譬如"司徒斌案"，该案中方官员的认定依据为"按照国籍条例，司徒斌属中国人"，所以"查国籍条例，系限制本国人民之法律，本与第二国和约无涉"。广东省立中山图书馆，澳门基金会，葡萄牙外交部档案馆，等. 葡萄牙外交部藏葡国驻广州总领事馆档案（清代部分·中文）：第一册［M］. 广州：广东教育出版社，2009：446-466.

其一，从时间上来看，前面所阐述的几个纠纷案例既有在《大清国籍条例》颁布之前发生的，也有在其出台以后产生的，这无疑证明该律在时间维度方面保持了一种相当连贯的特性。

其二，从广东地方官员对于葡籍华商商事纠纷的判定情况来讲，在清政府还没有第一部正式的国籍法以前，广东官员就已经开始采用《大清国籍条例》颁布之后的相关内容来作为其处置葡籍华商商事纠纷的依据。

实际上，这又旨在解释《大清国籍条例》的实施不仅对于当时发生的葡籍华商商事纠纷有针对作用，而且对于先前所发生的相关案件同样具有针对性。上述"朱裔敬控案"就是一个例证。此案的受理时间是在宣统元年（1909）的闰二月初七日，也就是在《大清国籍条例》颁布之后。

申言之，《大清国籍条例》的颁布及其实施与否，对于当时的广东官员而言，实际上并没有产生多大影响，受到影响的反而是葡籍华商及其所在的葡领事一方，因为《大清国籍条例》作为一部"习惯法"，对葡籍华商商事纠纷具有约束力。

所谓"习惯法"，它是指独立于国家成文法之外，依据某种社会权威所确立的、具有一定强制性和习惯性的行为规范的总和。说到底，它既非纯粹的道德规范，也不是完全的法律规范，而是介于道德与法律之间的准法律规范。[①]

这种准法律规范又是审判者付之于司法审判的一种惯例性的行为表现，只是惯例在经过法官的认可后是能够转换为"习惯法"而成为案件的判决依据的。[②] 所以部分"习惯法"到后来都转化成为制定法的重

[①] 高其才. 中国习惯法论 [M]. 北京：中国法制出版社，2008：3.

[②] 杨建军. 惯例的法律适用：基于最高人民法院公报案例的考察 [J]. 法制与社会发展，2009，（2）：139.

要内容，从而进入国家法律的领域①。于是，《大清国籍条例》在 1909 年脱胎于"习惯法"的情形，开始以国家明文规定的形式（成文法）出现，《大清国籍条例》所具备法律上的溯及既往效力②也就不证自明。

鉴于此，就不得不说清廷这一部由习惯法嬗变而来的成文国籍立法，在遇涉葡籍华商商事纠纷时，不仅实现了有法可依，成为葡籍华商官司被判败诉的强有力依据，更是反之说明了葡籍华商商事纠纷对于《大清国籍条例》的出台所起到的推动作用。

第四节　本章结论

葡籍华商商事纠纷引起了中葡法文化间的碰撞，其表现出来的是一种内地商人的"厌讼"与葡籍华商的"好讼"之别。不过，在内地商民受到中葡法文化碰撞所产生的这种差异性法律品格的影响之下，尤其是争讼所起到的某些积极作用，自 20 世纪起，人们在与葡籍华商的商事纠纷中不再那么厌烦"诉讼"，反而敢于大胆地采用这一方式来维护自身的合法权益。也就是说，从此时开始，国人的诉讼心态发生了转型。

在纠纷导致的中葡"治外法权"之争中，尽管葡领事为维护葡籍

---

① 陈景辉.　"习惯法"是法律吗？［J］. 法学，2018，（1）：3.
② 关于《大清国籍条例》是从"习惯法"的形式嬗变为"成文法"的形式这一论题，此处需要补充说明一点。即著者凭此查找考证了大量的文献与著作等资料，但并未发现当时除广东地方官员外，在全国范围内，有其他地方的官府及其官员在中外混同案件中，针对入外国籍的华人华商所涉案件以此做出过类似定调。这其实充分说明了在《大清国籍条例》的制定上，大清中央政府应该采纳了广东官员的处置意见。同时，其也旨在解释《大清国籍条例》不论怎么讲，皆具有"习惯法"的性质。

华商的权益与利益并达到其攫取中国司法审判权的目的而不断向中方进行交涉，但在 20 世纪之初，中国广东地方官员不断提高的维护国家司法主权的意识面前却落了空。因为中方总会积极地找到某些办法来应对葡方的这一行为。

通常来说，广东官员采取的是对该纠纷案件能否认定成为"交涉事件"的做法，具体可细分为两类情况：

其一，因为其时中国与各列强国的关系需要依约而定，也就是"无条约则不明确"①，所以在《中葡和好通商条约》可以援引的时候，中方官员就会利用条约中有关"通商口岸"的内容来对葡籍华商所涉的商事纠纷案件能否构成中葡交涉事件进行认定。

其二，在《中葡和好通商条约》无法参照的前提下，像中方的两广总督、兵备道等官员会采纳一种具有一定法律特征的惯用规则来对葡籍华商的国籍进行质讯。这样一来，葡领事的交涉往往无疾而终。

葡籍华商所涉的商事纠纷不但与清政府的《大清国籍条例》有关联，而且还引起了该律法在形式上的嬗变，成为推动其出台的客观原因之一。

实际上，《大清国籍条例》尚未正式颁布与实施之前，中国广东一带的官员早就已经开始采用其中的相关内容来对葡籍华商所涉商事纠纷能否成为中葡交涉事件进行认定。

此种做法，让人看到《大清国籍条例》不仅可以适用于 1909 年之后华民入葡籍所涉的纠纷案件，还可以适用于 1909 年之前所发生的相关涉案，这足以证明作为国家明文律法的《大清国籍条例》是经由"习惯法"嬗变而来的。所以，葡籍华商商事纠纷就起到了催化剂的作用，在某种意义上推动了该律法的出台。

---

① 吴昆吾. 条约论［M］. 上海：商务印书馆，1931：1.

结　语

　　翻阅《葡领档案》，会发现其中有大量关于葡籍华商所涉的商事纠纷。不经意间，我们既看到中葡法文化碰撞后国民诉讼心态的转型，又察觉到中葡"治外法权"之辨中中方官员维护国家司法主权意识的提高，还发掘到中国第一部国籍立法——《大清国籍条例》在形式上的嬗变。所以，在此再对前述问题也即是本研究的主要所获进行一次回顾或追述。

　　首先，中葡法文化碰撞中，葡籍华商"好讼"的法律品格。

　　我们在"中葡法文化碰撞后国民诉讼心态的转型"一节里寻见到，自 20 世纪起，由于中葡法文化碰撞后所产生的积极影响，更多的内地商人不再"怵讼"，而开始选用"诉讼"的形式来与葡籍华商针锋相对，其诉讼心态出现了明显的转型。要言之，中葡法文化的碰撞在其中扮演了重要角色，尤其是它所表现的两种截然不同的价值倾向，刺激了内地商人诉讼心态的转型。

　　进一步来说，中葡间不同的法文化价值倾向，实际上是内地商人的"厌讼"与葡籍华商的"好讼"之别。这种差别现象也就契合了塞缪尔·亨廷顿"文明的冲突"理论中关于异质文化乃至文明既然相交就必定存在着对比的事实。正如"覃如松控李用余一案"里，葡籍华商覃如松积极主动地诉诸司法程序，内地商民李用余消极被动地等待着官府的传唤，都让人清楚地得知中葡诉讼价值观念的南辕北辙。

应该说，对于"法"的不同认知与运用，造成了如是相遇但又略带排斥的情形。所以，如果非要说此种情形又特别是葡籍华商不断争讼甚至是"好讼"的行为符合费正清（John King Fairbank）的"冲击—回应（Shock-Response）"理论与加拿大学者贝利（John W. Berry）的文化适应（acculturation）理论之同化策略，实际上也说得通。费正清曾就传统中国法律制度的与众不同之处做过独到评价，他说：

> 中国人不把法律看作社会生活中来自外界的、绝对的东西；……因为中国人会觉得礼法是出自自然领域本身的道德性质，而不是来自人类无从认识的另一世界。①

显然，费正清的此番言论与清末之前的中国帝制社会更加对位，毕竟中国文化在其传统的一面上的确具有稳定性，而帝制不改，西制不进，中国近代化的历程就不能够加速跳出封建社会的套系。这样，他在"冲击—回应"模式中常提的阻碍当时中国进步与发展的关键因素，即"稳定性"也就浮出水面。费正清认为：

> 中国规章制度——经济的、政治的、社会的、文化的——曾经在许多世纪发展了规模宏大的自给自足、平衡和稳定。就物理学中动量的意义而言，联系性已经形成了惰性，而且积重难返。……[因此] 只有接受到外来的冲击，中国才能冲破传统的束缚。②

---

① 费正清. 美国与中国 [M]. 张理京，译. 北京：商务印书馆，1985：86.
② 费正清. 美国与中国 [M]. 张理京，译. 北京：商务印书馆，1985：134.

事实上，自鸦片战争以来澳葡政府对居澳华民不断推行的殖民管治政策，无疑让葡籍华商们要么直接要么间接地触及与习得了葡人的文化与制度，我们透过葡籍华商商事纠纷便可知晓。葡籍华商在商事纠纷中的"好讼"行径，不正是他们在经过葡式文化与制度的冲击之下所做出的某种回应吗？不过，这种回应带有明显的功利性。

此外，葡籍华商身上投射出了前述加拿大学者贝利的"文化适应理论的同化策略"。

文化适应理论是基于各个种族文化群体"秉持自身传统文化与身份"和"与除本民族文化之外的文化群体交流"的论点之上提出，它有四个不同方面的文化适应维度，又被称为四种异质的文化适应策略，分别是文化同化（Cultural Assimilation）、文化分离（Cultural Separation）、文化整合（Cultural Intergration）以及文化边缘化（Cultural Marginalization）。

在这里，我们会用第一种策略来对问题进行申述。文化同化策略指的是个体自觉或不自觉地和其他文化群体进行持久性的交流，却不见得保持住自身文化专有的身份属性。①

显而易见，文化适应理论的同化策略，适用于诸如像覃如松、张甲一样的葡籍华商。其"好讼"之举，令多方缠讼受累，而他们往往却能摆出一副不惊无畏的样子。常言道，西人好讼，似乎乐此不疲，全凭"制度优越"；华民厌讼，貌似顾此失彼，多因"人文情理"，这不正是中葡法文化在精神实质上的比对映衬吗？

此处再用陈湛瞩的涉案来举例证明。其实就档案所记录的"陈湛瞩与王伯慎一案"和"陈湛瞩与张子谦等人一案"而言，陈湛瞩明摆着谎话连篇，中方官员的推敲及论断完全可以立足，但陈氏偏偏又不依

---

① BERRY J W. Immigration, Acculturation and Adaptation [J]. Applied Psychology: An International Review, 1997, 46 (1): 5-34.

不饶地将包括葡领事在内的各方久置于控案之中。①

一个身体里流淌着华人血液，并长期与华民来往共事的人，本应该以和为贵，甚至是"无讼"才对，可他竟然反其道而为之，采用西人常用的"诉讼"来解决纠纷。既然其已入葡籍，既然其业经接受葡国制度的管治与文化的洗礼，采用西人处理纠纷的方法，倒也无多大关系，但进一步来说，他不畏涉讼之苦累，所表现出来的蛮横与欺诈态度，越发指证了陈湁瞩有被西人同化的嫌疑。所以，文化适应理论的同化策略，发生在本书要研究的澳门葡籍华商身上也就不足为奇。

其次，"治外法权"并非能够真正地对所有的葡籍人士产生"逍遥法外"的效用。

20 世纪初，中葡在葡籍华商所涉的商事纠纷中为"治外法权"展开了激烈的争辩。虽然《中葡和好通商条约》规定了葡方享有"华原葡被"涉案形式的司法审判权，但葡人既意欲在"葡原华被"涉案中维护葡籍人士的最大权益，又打算在"华原葡被"涉案中保护葡籍人士的既得利益，势必就要想尽方法来攫取更多的"治外法权"。

不过，中国广东地方官员维护国家司法主权权益的意识在此时得到了明显加强，葡人的如意算盘并非每每打成，而葡籍华商自然也就不是人人都能获得葡方进行领事裁判的权利。因为中国官员总会寻找到相关的办法来加以应对，葡国的"领事裁判权"便不能够在为他们充当护身符了。

一般而言，中方会采取两种办法：其一是依据《中葡和好通商条约》中有关于"通商口岸"与"非通商口岸"的规定来对葡籍华商商事纠纷是否构成"交涉事件"进行认定；其二是他们在无约章可用的时候往往会拿出一套"规则"来对葡籍华商的"国籍"进行质疑。这

---

① 案情原委可参见本书第三章、第四章与第五章的内容。

些内容都在前文所研究的案例中已作呈证，但此处仍然需要对两个方面另加说明。

一方面，中方的照约认定有利于在"葡原华被"涉案中最大限度地维护"治外法权"不被攫取。何桂清认为，中外条约是中外之间以固邦交的磐石，其言："皆所以尊崇国体，而藉条约以维系之也。"① 无条约，中国与西国的关系则不明确。所以，对于华洋交涉事件的认定一样需要依靠条约，如果条约有详载的或潜在的规定，那么中外双方都可据此为参考，来做出自己的决议。

翻开《中葡和好通商条约》第四十八款与第五十一款，其中有关于中葡民人涉讼情形的规定让人印象深刻。其中，第四十八条规定：

> 大清国人如有欺凌伤害大西洋国人者，由大西洋国官知照大清国地方官，按大清国律例自行惩办。大西洋国人如有欺凌伤害大清国人者，亦由大清国官知照大西洋国领事官，按大西洋国律例惩办。

第五十一条规定：

> 大西洋国民人如有控告大清国民人事件，应先赴大西洋领事官衙门递禀，领事官查核其情节，须力为劝和息讼。大清国民人如有赴领事官衙门控告大西洋国人者，领事官亦应查核其情节，力为劝息。若有不能劝息者，应由大清国地方官与领事官会同审办，各按

---

① （清）贾桢等．筹办夷务始末（咸丰朝）：第四册 [M]．北京：中华书局，1979：1197–1198.

本国之律例，公平讯断。①

单单就这两条内容来看，它们确定了原被两造在案件中的审判方及其法律的适用标准，其符合当时中西互控案件所采用的"原告就被告原则"，只是最后一句话："若有不能劝息者，应由大清国地方官与领事官会同审办，各按本国之律例，公平讯断"，需要建立在中葡双方均定性为"交涉事件"的基础上才能成立。而对"交涉事件"进行定性，就务必要用到条约，亦即是说，倘若一方不能认定为"交涉事件"，"会审制度"就不能发挥它的作用，葡萄牙人也就不能攫取到"治外法权"。

具体到案例上，倘若中方将某一商事纠纷案件确认为"交涉事件"，那么中方就将要让出该案件的司法管辖权而改由葡国处理了。于是，两广总督等中方官员便从《中葡和好通商条约》出发，以葡籍华商的投资营商地点是否属于"通商口岸"作为判定圭臬来保障中国的司法主权不被旁落，第五章"刘有庆一案"就个是不错的例证。

可以说，中方官员的此种行为符合了美国人威罗贝在阐述清前期中国官员据理力争属于自己的合法权益时的话：

（按：鸦片战争以前）虽然中国不能在所有的案件中行使它以领土主权者资格所具有的全部权力，但它并未放弃这权利，而且相反地坚持这些权利，对有些案件坚持得极为强硬。②

这里，就不得不为中方官员的举动称道。

---

① 王铁崖. 中外旧约章汇编：第一册［M］. 北京：生活·读书·新知三联书店，1982：529.

② 威罗贝. 外人在华特权和利益［M］. 王绍坊，译. 北京：生活·读书·新知三联书店，1957：341-342.

另一方面，中方不照章认定的程序——沿用相关"规则"来对葡籍华商的国籍进行质疑，葡方交涉与攫取"治外法权"同样无果。在本书第五章第二小节的有关案例中，我们看到了广东官员对于认定中葡交涉的一个另类现象，也就是这些官员们偶尔会参照某种类似规定性的原则来对葡籍华商的国籍进行质疑，并依此作为自己下论断的根据，况且这样的根据又与《中葡和好通商条约》大致无涉，而葡籍华商与葡领事并不能为此有回击的余地。① 追其原因有二：

其一，1909 年之前，清政府的确无国籍律，其在遇涉因华人改籍而出现的中外纠纷与诉讼时，往往只能对改籍华人发出"按之大清律例，入户以籍为定，其变乱版籍者，有治罪专条"② 的定罪声明，但取得的效果并不理想。因此，想要处理华人改籍后所涉的中外纠纷与诉讼问题，找出一个有针对性的解决办法就显得甚为关键。这样，广东的官员们就以葡籍人士是否享有内地民人之相关权利，来对葡籍华商商事纠纷案件能否构成"交涉事件"进行判断。

其二，葡籍华商确实存在中方官员所指证的相关行为，到后来觉得自应理亏，而葡领事也认为可能不合情理，最终他们都不再纠结于控案。通过先前第五章的案例，我们窥见到葡籍华商林璧光等人在内地有置业，卢九在内地从政做官，他们皆享受到了本来只专属于内地民人才可以享受的权利。进言之，在前者条件生成的前提下，他们的国籍问题都具备了成为中方官员否定其所涉控案上升到中葡交涉事件层面的把柄，而包括葡籍华商在内的葡国一方也就只好接受这样的事实。

当然，关于"治外法权"及其"会审制度"中的"交涉"议题，我们有必要再进行一次深入补充。

---

① 详细内容可参见本书第五章第二节的内容。
② 王亮，王彦威. 清季外交史料：第 197 卷 [M]. 台北：文海出版社，1985：3175 页。

一则，葡萄牙人所获"治外法权"最终被废除的时间是在民国1947年。按照当时中葡双边会谈的结果，中葡间达成了《关于取消葡萄牙在华领事裁判权及处理其他事项之换文》的说明，葡人在华"治外法权"亦就开始被摒除了。其原因是中国作为二战的战胜国，为维护世界和平做出了巨大贡献。①

二则，列强提出的"会审制度"，其终极目的是要达到"各按本国法律审断"，但所有前提都得基于中外双方要将某一案件共同定性为"交涉事件"才可。就"洋原华被"的涉案情形来说，假如不是中外双方共同将某一纠纷案件认定为交涉事件，那么就不能够采用"各按本国法律审断"这一原则。此处，我们回到1876年中英《天津条约》中有关"会审制度"的内容上，来谈谈"交涉"一词在"会审制度"里的定性问题，其言：

> 至中国各口审断交涉案件，两国法律既有不同，只能视被告者为何国之人，即赴何国官员处控告；原告为何国之人，其本国官员只可赴承审官员处观审。倘观审之员以为办理未妥，可以逐细辩论，庶保各无向隅，各按本国法律审断。②

该条对于"会审制度"的界定，有两个地方要注意。一是首尾两个半句的关联性。在逻辑学与数学中，假设 A 是条件，B 是结论，如果 A 可以推出 B 的存在，反之 B 也可以推出 A 的存在，那么 A 是 B 的充分且必要条件。由此可见，"至中国各口审断交涉案件"与"各按本国

---

① 吴文浩. 跨国史视野下中国废除治外法权的历程（1919—1931）[J]. 近代史研究，2020，（2）：133.

② 王铁崖. 中外旧约章汇编：第一册 [M]. 北京：生活·读书·新知三联书店，1982：438.

法律审断"两句话存在着这样的关系。

具体来说,"交涉"就成了"各按本国法律审断"的充要条件,就是说假使中外双方没有将某一纠纷案件共同确认为交涉事件,就根本不可能发生"各自按照本国律例审判"的情况,而一旦存在着"各按本国法律审断"的事实,就一定标志着已有中外双方所共同认定的交涉事件的出现。其逻辑公式为(中外双方共同认定)"交涉事件"<=>"各按本国法律审断"。

二是该解释的两句话。前句系"至中国各口审断交涉案件,两国法律既有不同,只能视被告者为何国之人,即赴何国官员处控告;原告为何国之人,其本国官员只可赴承审官员处观审",这符合"原告就被告原则"中关于原被两造当事人受何国律法审判,由谁来主审的规定。后句则对前句进行了扩充,为"倘观审之员以为办理未妥,可以逐细辩论,庶保各无向隅,各按本国法律审断",也即是说"原告就被告原则"明显受到"以为办理未妥"的影响,如果外国领事官觉得"以为办理未妥",那么就当时那种时代背景而言,西人领事昧着良心去据力维护其本国公民的既得利益亦是可能发生的事情。

如此一来,"原告就被告原则"就不再适用,这也是"观审权"在此种情形下发生变昧的根由。终究,所谓观审之权利,其初意不过是指出席观审的基本权利,充其量最多只能对对方证人、领事有询问与反诘之权,与有资格进行审判的会审权不能混为一谈。①

总括来看,不论是"原告就被告原则",还是外国领事是否觉得"以为办理未妥"或者确有不妥时所出现的"各按本国法律审断"之情况,均不可避免地要以中外之间所共同认定的"交涉事件"的存在为

---

① 蔡晓荣. 晚清华洋商事纠纷之研究 [D]. 苏州:苏州大学博士学位论文,2009:65.

依据。不难看出，"交涉"在"会审制度"中的重要地位与作用无可替代。进而可以说，构成"交涉与否"，同样决定了在"会审制度"中，外国领事们"观审权"的存在与否及其是否能成功攫取中国的"治外法权"。

再次，关于《大清国籍条例》与葡籍华商的国籍问题。

宣统元年（1909）3月28日，中国历史上第一部关涉国籍问题的立法——《大清国籍条例》出台，该律法是清廷历经长时间酝酿与反复讨论后确立，其内容相当详具。它最引人瞩目的内容是关于对已入外国国籍的华民或者意欲改籍的华人在中国内地应该享有的权利及其要承担的义务所做的规定，它也因此成为鉴定华民中国国籍身份的法律依据。

自此，中国有了一部紧随时代大潮的成文国籍立法。这样，中国各级官府在遇涉华洋纠纷时就能够"有法可依"了。只是正如本书第五章第三节所探讨的内容那样，清政府的这一国籍立法是由"习惯法"转变而来，其在未实施以前并不是国家明文规定的律法，因而还达不到所有广东官员都会用来它处置葡籍华商商事纠纷的程度。①

此外，有一点值得深思，那就是《大清国籍条例》没有就已入外国国籍的华民必须放弃或自动脱离中国国籍而做出确切规定，它只是就已出中国国籍或打算出中国国籍的大清子民做了权利上的限制。②

如果说入外籍者不愿意退籍，那么他"双重国籍"的问题就会被凸显出来。回归到本书，葡籍华商也的确存在着双重国籍的情况，下面就借"陈广控住客强踞拖租一案"来略述一二。

光绪三十一年（1905）的四月二十一日，葡籍华商陈广向葡领事

① 从本研究所收录的葡籍华商商事纠纷中我们便能够清晰得见。
② 具体可资参见本书第五章的相关内容。

穆礼时控称，说他自己于光绪二十八年（1902）十二月在广州迎珠街购得铺屋五间，且在光绪二十九年（1903）已经完税，完成了过户手续。可是，该铺屋之原有商户在其补清铺屋代修费后，迟迟不肯搬离，拖延已经两年，况且其还不愿意交纳租金，后经陈广的屡次催促，他们依然我行我素。

鉴于此，陈希求葡国领事立即照会南海县县政府，并提出拘押林光记箫锡、高玉等租户以及要其搬迁与收租收铺的主张。在接到葡方照会后，署理南海知县胡铭槃做出了初步的调查，他认为陈广一事，拖宕两年，其中必有另外的隐情，同时做出了此事需要在门牌的编号上进行排查后才能核断的决定：

> 既经补清各住客修建银两，立回字据自愿出铺，何以时越两载仍不搬迁，陈广亦任其盘踞，不早禀控。其中保无另有纠葛，别故自应查明，分别办理。应请贵总领事官饬令陈广先将屋契字据缴送查验，并将各屋编列第几号门牌某号系某人所住，系何姓名，分辨开列见复，再行核明妥办。[①]

尔后，葡领事再次去函要求中方迅速清办，胡铭槃又一次进行了查案。本次查案，胡觉得在契书里并没有写明业主身份，无从处理：

> 查核抄契系与记堂并无业主，是否即系陈广，固难悬揣且契内

---

① 广东省立中山图书馆，澳门基金会，葡萄牙外交部档案馆，等. 葡萄牙外交部藏葡国驻广州总领事馆档案（清代部分·中文）：第十五册 [M]. 广州：广东教育出版社，2009：426-428.

并未写字样，碍难办理。①

很明显，陈广存在着"双重国籍"的现象：第一，葡领事为他向中方官府进行照会交涉，说明他应该入了葡籍。第二，中方南海知县胡铭槃因为购房契约中没有注明该铺购买者的姓名遂做出暂不处理的决定，其实是在对陈广是否系葡籍人士质疑。

一般而言，按照中外合约之规定，外国人（拥有外国国籍的人士）在内地的通商口岸置业购房是需要上缴相关的身份凭证来进行佐证的，既然置业合同里并未写有陈广的名字，中国官员当然有权可以做出不予受理的决定，这也就证明了陈广难以逃脱其可能还存在着大清子民身份的嫌疑。

总的来说，清廷虽于 1909 年有了一部关涉国籍问题方面的立法，确立了认定华人中国国籍的原则，但是由于缺乏针对已改籍华人的强制性退籍规定，这就难以排除《大清国籍条例》无法圈定包括澳门葡籍华商在内的部分已入外籍却始终不出中国国籍的大清子民只有单一国籍的情况。而遵循该法具有的"溯及力"原则，它在出台前的情况亦复如此。

最后，对本研究的不足之处进行一个总结。

第一，就《葡领档案》本身而言，它还有与之相关的葡语材料，但因作者语言能力的阙如，本书并未对其进行利用。可以说，这成了本研究的一大硬伤所在。倘若能够对其建议使用，那么不论是在内容的论证方面，还是在行文的说服力上都将会产生更好的效果。

第二，就葡籍华商所涉商事纠纷的情形来说，本书只对葡籍华商在

① 广东省立中山图书馆，澳门基金会，葡萄牙外交部档案馆，等．葡萄牙外交部藏葡国驻广州总领事馆档案（清代部分·中文）：第十五册［M］．广州：广东教育出版社，2009：430-433．

内地与内地商人所涉的商事纠纷进行了研究，没有就档案所记录的诸如葡籍华商在内地与外国商人所发生的商事纠纷等情形做分析。如果要对葡籍华商商事纠纷进行全方位研究，那么它们必不可少。

第三，以葡籍华商所涉纠纷的种类来讲，《葡领档案》中还有民事与刑事纠纷。其中，民事纠纷与商事纠纷一样，被放置于全套卷宗里，刑事纠纷则主要以第四册的内容为主。尽管民事与刑事纠纷在本书写作时并未被采用，但它们的存在对于研究葡籍华商、葡籍华商所涉的纠纷与诉讼等都至关重要。

总之，这一切都还望以后的相关研究能够对其进行弥补。

参考文献

一、中文档案文献类

[1]（清）冯桂芬.《显志堂稿》（第5卷）[M]. 北京：朝华出版社，2018.

[2]（清）田明曜修，陈澧. 重修香山县志 [M]. 台北：学生书局，1985.

[3]（清）贾桢等. 筹办夷务始末（咸丰朝）[M]. 北京：中华书局，1979.

[4]（清）黄思藻修，欧阳振时. 广宁县志：中国地方志集成 [M]. 上海：上海书店，2003.

[5]（清）赵尔巽等. 清史稿 [M]. 北京：中华书局，1977.

[6]（清）张家镇等. 中国商事习惯与商事立法理由书 [M]. 王志华，校. 北京：中国政法大学出版社，2003.

[7]（清）祝淮主修，黄培芳. 新修香山县志 [M]. 台北：学生书局，1985.

[8]（清）申良翰修，欧阳羽文. 香山县志 [M]. 广州：中山图书馆，康熙十二年刻本油印本，1958.

[9] 宝鋆. 筹办夷务始末（同治朝）[M]. 北京：中华书局，1979.

［10］汤开建，吴志良.《澳门宪报》中文资料辑录（1850—1911）［M］.澳门：澳门基金会，2002.

［11］田涛，郑秦.大清律例［M］.北京：法律出版社，1999.

［12］李鸿章.李文忠公全集［M］.海口：海南出版社，1997.

［13］刘芳辑，章文钦.葡萄牙东波塔档案馆藏清代澳门中文档案汇编［M］.澳门：澳门基金会，1999.

［14］甘厚慈.北洋公牍类纂续编［M］.台北：文海出版社，1966.

［15］广东省立中山图书馆，澳门基金会，葡萄牙外交部档案馆，等.葡萄牙外交部藏葡国驻广州总领事馆档案（清代部分·中文）［M］.广州：广东教育出版社，2009.

［16］广东省地方史志编纂委员会.广东省志·外事志［M］.广州：广东人民出版社，2005.

［17］广东省档案馆.广东澳门档案史料选编［M］.北京：中国档案出版社，1999.

［18］贺长龄.清朝经世文编［M］.台北：文海出版社，1972.

［19］黄鸿钊.中葡澳门交涉史料［M］.澳门：澳门基金会，1998.

［20］齐思和.黄爵滋奏疏许乃济奏议合刊［M］.北京：中华书局，1959.

［21］近代史资料委员会.辛丑和约订立以后的商约谈判［M］.北京：中华书局，1994.

［22］叶觉迈修，陈伯陶.东莞县志［M］.台北：成文出版社，1967.

［23］张海鹏.中葡关系史资料集［M］.成都：四川人民出版社，1999.

［24］中国第一历史档案馆，澳门理工学院，等.清代外务部中外关系档案史料丛编：中葡关系卷：第1册［M］.北京：中华书局，2004.

［25］中国第一历史档案馆，澳门基金会，暨南大学古籍研究所.

明清时期澳门问题档案文献汇编 [M]. 北京：人民出版社，1999.

[26] 中国第一历史档案馆，等. 清宫粤港澳商贸档案全集 [M]. 北京：中国书店，2002.

[27] 中国第一历史档案馆. 明清澳门问题皇宫珍档 [M]. 杭州：华宝斋书社，1999.

[28] 中华书局编委会. 清实录 [M]. 北京：中华书局，2008.

[29] 中山市档案局（馆），中国第一历史档案馆. 香山明清档案辑录 [M]. 上海：上海古籍出版社，2006.

[30] "中央研究院" 近代史研究所. 中美关系史料（嘉庆、道光、咸丰朝）[M]. 台北："中央研究院" 近代史研究所，1968.

[31] "中央研究院" 近代史研究所. 澳门专档：三 [M]. 台北："中央研究院" 近代史研究所，1995.

[32] 姚之鹤. 华洋诉讼例案汇编 [M]. 上海：商务印书馆，1915.

[33] 吴昆吾. 条约论 [M]. 上海：商务印书馆，1931.

[34] 广东省立中山图书馆，澳门基金会，葡萄牙外交部档案馆，等. 清代葡萄牙驻广州总领事馆档案 [M]. 广州：广东教育出版社，2015.

[35] 王铁崖. 中外旧约章汇编：第一册 [M]. 北京：生活·读书·新知三联书店，1982.

[36] 王彦威，王亮. 清季外交史料 [M]. 台北：文海出版社，1963.

[37] 梁廷枏. 粤海关志 [M]. 台北：台北成文出版社，1968.

[38] 盛宣怀. 愚斋存稿 [M]. 台北：台北文海出版社，1975.

[39] 胡秋原. 近代中国对西方及列强认识资料汇编：第 3 辑 [M]. 台北："中央研究院" 近代史研究所，1972.

二、中文著作类

[1]（清）梁廷枏撰. 夷氛闻记 [M]. 北京：国立北平研究院史

学研究会，1937.

　　[2]（清）陆元鼎，等．各国立约始末记：第 1 册 [M]．广州：广东教育出版社，2009.

　　[3]（清）印光任，张汝霖．澳门记略 [M]．广州：广东高等教育出版社，1988.

　　[4] 蔡晓荣．晚清华洋商事纠纷研究 [M]．北京：中华书局，2013.

　　[5] 查灿长．转型、变项与传播：澳门早期现代化研究（鸦片战争至 1945 年）[M]．广州：广东人民出版社，2006.

　　[6] 陈伟明．明清澳门与内地移民 [M]．北京：中国华侨出版社，2002.

　　[7] 邓开颂，陆晓敏．粤港澳近代关系史 [M]．广州：广东人民出版社，1996.

　　[8] 范健，王建文．商法基础理论专题研究 [M]．北京：高等教育出版社，2005.

　　[9] 范金民，等．明清商事纠纷与商业诉讼 [M]．南京：南京大学出版社，2007.

　　[10] 范忠信．中国法律传统的基本精神 [M]．济南：山东人民出版社，2001.

　　[11] 费成康．澳门四百年 [M]．上海：上海人民出版社，1998.

　　[12] 费成康．澳门：葡萄牙人逐步占领的历史回顾 [M]．上海：上海科学院出版社，2004.

　　[13] 傅筑夫．中国封建社会经济史：第四卷 [M]．北京：人民出版社，1986.

　　[14] 高其才．多元司法：中国社会的纠纷解决方式及其变革 [M]．北京：法律出版社，2009.

　　[15] 高其才．中国习惯法论 [M]．北京：中国法制出版社，2008.

［16］顾维钧．外人在华之地位［M］．南京：民国外交部图书处，1925．

［17］顾卫民．中国与罗马教廷关系史略［M］．北京：东方出版社，2000．

［18］何志辉．明清澳门的司法变迁［M］．澳门：澳门学者同盟，2009．

［19］何志辉．近代澳门司法：制度与实践［M］．北京：中国民主法制出版社，2012．

［20］何志辉．治理与秩序：全球化进程中的澳门法（1553—1999）［M］．北京：社会科学文献出版社，2013．

［21］何志辉．华洋共处与法律多元：文化视角下的澳门法变迁［M］．北京：法律出版社，2014．

［22］何志辉．澳门法制史新编［M］．北京：社会科学文献出版社，2019．

［23］黄鸿钊．澳门史纲要［M］．福州：福建人民出版社，1991．

［24］黄鸿钊．澳门简史［M］．香港：三联书店有限公司，1999．

［25］黄庆华．中葡关系史［M］．合肥：黄山书社，2006．

［26］黄瑶．国际法关键词［M］．北京：法律出版社，2004．

［27］交通史编纂委员会．交通史航政篇［M］．上海：中华书局，1931．

［28］交通史编纂委员会．交通史路政篇［M］．上海：中华书局，1935．

［29］金国平，吴志良．镜海飘渺［M］．澳门：澳门成人教育学会，2001．

［30］金国平，吴志良．早期澳门史论［M］．广州：广东人民出版社，2007．

［31］黎晓平，汪清阳．望洋法雨：全球化与澳门民商法的变迁［M］．北京：社会科学文献出版社，2013．

［32］李贵连．沈家本传［M］．北京：法律出版社，2000．

［33］李贵连．1902：中国法的转型［M］．桂林：广西师范大学出版社，2018．

［34］李浩培．国籍问题的比较研究［M］．北京：商务印书馆，1979．

［35］李双元，蒋新苗．现代国籍法［M］．长沙：湖南人民出版社，1999．

［36］梁敬錞．在华领事裁判权论［M］．北京：商务印书馆，1930．

［37］梁治平．清代习惯法：社会与国家［M］．北京：中国政法大学出版社，1996．

［38］梁治平．法律的文化解释［M］．北京：生活·读书·新知三联书店，1994．

［39］林广志．卢九家族研究［M］．北京：社会科学文献出版社，2013．

［40］林广志．澳门之魂：晚清澳门华商与华人社会研究［M］．广州：广东人民出版社，2017．

［41］林家有．孙中山的革命观：兼论辛亥革命对中国近代化的影响［M］．广州：广东人民出版社，1996．

［42］刘华．华侨国籍问题与中国国籍立法［M］．广州：广东人民出版社，2004．

［43］刘景莲．明清澳门涉外案件司法审判制度研究［M］．广州：广东人民出版社，2007．

［44］刘俊文．唐律疏议笺解［M］．北京：中华书局，1996．

［45］邱少晖．法律文化研究（第八辑）：澳门法律文化专题》，北京：社会科学文献出版社，2015年．

［46］瞿同祖. 清代地方政府［M］. 北京：法律出版社，2003.

［47］孙健. 中国经济史论文集［M］. 北京：中国人民大学出版社，1987.

［48］孙晓楼，赵颐年. 领事裁判权问题［M］. 北京：商务印书馆，1936.

［49］谭志强. 澳门主权问题始末［M］. 台北：永业出版社，1994.

［50］汤开建. 澳门开埠初期史研究［M］. 北京：中华书局，1999.

［51］汤开建. 天朝异化之角［M］. 广州：暨南大学出版社，2016.

［52］唐伟华. 清代广州涉外司法问题研究（1644—1840）［M］. 北京：中国社会科学出版社，2009.

［53］万明. 中葡早期关系史［M］. 北京：社会科学文献出版社，2001.

［54］王巨新，王欣. 明清澳门涉外法律研究［M］. 北京：社会科学文献出版社，2009.

［55］韦庆远. 澳门史论稿［M］. 广州：广东人民出版社，2005.

［56］吴伯娅. 康雍乾三帝与西学东渐［M］. 北京：宗教文化出版社，2002.

［57］吴坤吾. 条约论［M］. 上海：商务印书馆，1931.

［58］吴孟雪. 美国在华领事裁判权百年史［M］. 北京：社会科学文献出版社，1992.

［59］吴颂皋. 治外法权［M］. 上海：商务印书馆，1929.

［60］吴增基. 理性精神的呼唤［M］. 上海：上海人民出版社，2001.

［61］吴志良. 生存之道：论澳门政治制度与政治发展［M］. 澳门：澳门成人教育学会，1998.

［62］吴志良. 澳门政治制度史［M］. 广州：广东人民出版社，2009.

［63］吴志良，金国平. 西力东渐［M］. 澳门：澳门基金会，2000.

[64] 夏东元. 晚清洋务运动研究 [M]. 成都：四川人民出版社，1985.

[65] 萧一山. 清代通史 [M]. 台北：台湾商务印书馆，1963.

[66] 谢怀栻. 外国民商法精要 [M]. 北京：法律出版社，2002.

[67] 修彩波. 近代学人与中西方交通史研究 [M]. 北京：光明日报出版社，2010.

[68] 徐泰来. 中国近代史记 [M]. 长沙：湖南人民出版社，1989.

[69] 薛典曾. 保护侨民论 [M]. 北京：商务印书馆，1937.

[70] 杨仁飞. 澳门近代化历程 [M]. 澳门：澳门日报出版社，2000.

[71] 杨天宇. 礼记译注 [M]. 上海：上海古籍出版社，2004.

[72] 章文钦. 澳门历史文化 [M]. 北京：中华书局，2009.

[73] 杨勇刚. 中国近代铁路史 [M]. 上海：上海书店出版社，1997.

[74] 张晋藩. 中国司法制度史 [M]. 北京：人民法院出版社，2004.

[75] 张天泽. 中葡通商研究 [M]. 北京：新华出版社，2000.

[76] 张文显. 法哲学范畴研究 [M]. 北京：中国政法大学出版社，2003.

[77] 张月. 新旧中西之间：五四时期的中国史学 [M]. 北京：北京图书馆出版社，2007.

[78] 张中秋. 比较视野中的法律文化 [M]. 北京：法律出版社，2003.

[79] 张中秋. 中日法律文化交流比较研究：以唐与清末中日文化的输出与输入为视点 [M]. 北京：法律出版社，2009.

[80] 张中秋. 中西法律文化比较研究 [M]. 北京：法律出版社，2009.

[81] 郑彭年. 重放的莲花：澳门开埠 450 年 [M]. 北京：新华出版社，1999.

[82] 周鲠生. 国际法 [M]. 北京：商务印书馆，1976.

[83] 周景濂. 中葡外交史 [M]. 北京：商务印书馆，1936.

[84] 朱英. 商业革命中的文化变迁：近代上海商人与"海派"文化 [M]. 武汉：华中理工大学出版社，1996.

[85] 雷荣广，姚乐野. 清代文书纲要 [M]. 成都：四川大学出版社，1990.

[86] 费成康. 中国租界史 [M]. 上海社会科学院出版社，1991.

[87] 顾器重. 租界与中国 [M]. 台北：文海出版社，1972.

[88] 何勤华. 外国法律史研究 [M]. 北京：中国政法大学出版社，2004.

[89] 经君健. 清代社会的贱民等级 [M]. 浙江人民出版社，1993.

三、中文论文类

[1] 蔡晓荣. 晚清华商"洋化"现象述论 [J]. 中国石油大学学报（社会科学版），2007，（2）.

[2] 蔡晓荣. 晚清内地华民改籍问题探微 [J]. 甘肃社会科学，2004，（4）.

[3] 蔡晓荣. 晚清涉外商事纠纷与近代中国法观念嬗替 [J]. 云南社会科学，2006，（2）.

[4] 蔡晓荣. 晚清时期的涉外商标侵权纠纷 [J]. 学术研究，2005，（9）.

[5] 柴融伟. 晚清对外贸易商习惯微探 [J]. 北大法律评论，1998，（1）.

[6] 陈景辉. "习惯法"是法律吗？[J]. 法学，2018，（1）.

[7] 陈伟明，吴水金. 明清澳门内地移民的商贸经营 [J]. 中国经济史研究，2006，（1）.

[8] 陈文源. 近代居澳华人的国民身份选择与文化认同 [J]. 暨南学报（哲学社会科学版），2015，（6）.

[9] 陈文源. 明清时期澳门人口、族群与阶层分析 [J]. 暨南学报（哲学社会科学版），2011，（3）.

[10] 陈文源. 明清政府立法治澳之探讨 [J]. 暨南学报（哲学社会科学版），2000，（1）.

[11] 丁进军. 清末议行国籍管理条例 [J]. 历史档案，1988，（3）.

[12] 徐晓光，石泉长. 清宋的法制变革及其历史意义 [J]. 社会科学辑刊，1992，（6）.

[13] 张俊峰. 明清以来晋水流域之水案与乡村社会 [J]. 中国社会经济史研究，2003，（2）.

[14] 吴佩林. 清代地方社会的诉讼实态 [J]. 清史研究，2013，（4）.

[15] 李启成. 领事裁判权制度与晚清司法改革之肇端 [J]. 比较法研究，2003，（4）.

[16] 高汉成. 晚清法律改革动因再探：以张之洞与领事裁判权的关系为视角 [J]. 法律制度，2004，（4）.

[17] 郭卫东. 论亚吗勒案件与澳门危机 [J]. 文化杂志，2002，（45）.

[18] 何志辉. 共处分治中的主导治理：论明政府对澳门的治理措施 [J]. 澳门研究，2009，（51）.

[19] 许小青. 晚清改籍问题的社会史考察 [J]. 浙江学刊，2003，（6）.

[20] 黄雁鸿. 清末民初澳门华商对经济及社会的影响 [J]. 澳门经济，2013，（34）.

[21] 蒋志华. 晚清中葡交涉中的国籍问题 [J]. 岭南文史，2015，（2）.

［22］李文海. 对中国近代化历史进程的一点看法［J］. 清史研究，1997，（1）.

［23］李育民. 晚清中外条约关系的基本理论探析［J］. 中国高校社会科学，2016，（5）.

［24］林广志. 澳门华人巨商卢九与广东小闹姓饷项纠葛［J］. 中国经济史研究，2007，（2）.

［25］林广志. 澳门华商与孙中山的行医及革命活动［J］. 历史研究，2002，（1）.

［26］林广志. 冲突与交融：清代澳门华商的文化坚守与风俗涵化［J］. 澳门历史文化研究会第六届年会，2007，（10）.

［27］刘正光. 言语适应理论研究述评［J］. 语言文字应用，2001，（2）.

［28］罗荣渠. 论现代化的世界进程［J］. 中国社会科学，1990，（5）.

［29］马敏. 商事裁判与商会：论晚清苏州商事纠纷的调处［J］. 历史研究，1996，（1）.

［30］缪昌武，陆勇.《大清国籍条例》与近代"中国"观念的重塑［J］. 南京社会科学，2012，（4）.

［31］祁龙威. 试论从鸦片战争开始的中国近代化［J］. 扬州师范学院学报，1990，（4）.

［32］乔素玲. 晚清国籍立法动因新探［J］. 史海探究，2015，（3）.

［33］乔志强，行龙. 中国近代社会史研究中的几个问题［J］. 史林，1998，（3）.

［34］邵小通. 清末宣统间"勘界维持会"初探：以《葡萄牙外交部驻广州总领事馆档案》为中心［J］. 历史长廊，2013，（4）.

［35］孙宏年. 国际法东渐及其对近代中国疆界的影响刍议 ［J］. 思想战线, 2019, (5).

［36］孙九霞. 澳门的族群与族群文化 ［J］. 开放时代, 2000, (7).

［37］孙立平. 中国近代史上现代化努力失败原因的动态分析 ［J］. 学习与探索, 1991, (3).

［38］孙占元. 近代中国社会发展脉络纵论 ［J］. 江西社会科学, 1995, (5).

［39］孙卓, 常江. 西方的理性与哲学理性 ［J］. 山西大同大学学报 (社会科学版), 2018, (2).

［40］汤开建, 马根伟. 清末澳门华人纳税制度的形成与发展 ［J］. 浙江师范大学学报 (社会科学版), 2005, (6).

［41］汤开建. 澳门文化内涵浅析 ［J］. 广西民族学院学报, 1996, (2).

［42］汤开建. 晚清澳门华人巨商何连旺家族事迹考述 ［J］. 近代史研究, 2013, (1).

［43］万香英. 清代文字狱及其对我国近代图书事业的影响 ［J］. 图书馆研究, 2006, (3).

［44］魏美昌. 澳门华人与土生葡人 ［J］. 广西大学学报, 1998, (6).

［45］吴文浩. 跨国史视野下中国废除治外法权的历程 (1919-1931) ［J］. 近代史研究, 2020, (2).

［46］吴志良. 澳门史研究述评 ［J］. 史学理论研究, 1996, (3).

［47］徐泰来. 关于中国近代史体系问题 ［J］. 湘潭大学学报, 1988, (1).

［48］阎小波. 论中国早期的"防御型现代化" ［J］. 江海学刊, 1996, (6).

［49］杨建军.惯例的法律适用：基于最高人民法院公报案例的考察［J］.法制与社会发展，2009，（2）.

［50］杨仁飞.走私与反走私：从档案刊明清时期澳门对外贸易的商人［J］.文化杂志，2009，（48）.

［51］叶农，欧阳开方.晚清中葡交涉中的土地问题：以《葡国驻广州总领事馆档案》为中心［J］.澳门研究，2011，（2）.

［52］叶宇昊.晚清葡萄牙驻广州领事馆的设置及其活动分析［J］.历史教学，2018，（10）.

［53］袁丁.《大清国籍条例》：中国第一部国籍法的产生［J］.八桂侨史，1992，（4）.

［54］袁丁.光绪初年中荷关于华侨国籍的交涉［J］.华侨华人历史研究，1988，（3）.

［55］张廷茂.清乾嘉时期澳门华人研究三题［J］.文化杂志，2007，（65）.

［56］赵利峰.明清时期澳门人口问题札记三则［J］.澳门历史研究，2009，（8）.

［57］赵晓耕.试析治外法权与领事裁判权［J］.郑州大学学报（哲学社会科学版），2005，（5）.

［58］郑慧.中西平等思想的历史演进与差异［J］.武汉大学学报（哲学社会科学版），2004，（5）.

［59］朱亚非.明代中葡关系及澳门之地位［J］.史学集刊，1995，（4）.

［60］左旭初.我国第一部商标法规诞生始末［J］.中华商标，2004，（4）.

［61］周迪.晚清澳门葡籍华商商事纠纷探究［J］.澳门法学，2024，（1）.

[62] 周迪. 再论"王道政伦"概念之诠分与阐释：基于孔孟古典儒学与董仲舒新儒学的思域 [J]. 海南大学学报（人文社会科学版），2019，37（5）.

[63] 蔡晓荣. 晚清华洋商事纠纷之研究 [D]. 苏州：苏州大学博士学位论文，2005.

[64] 李冠儒. 晚清时期列强在华治外法权问题研究 [D]. 北京：清华大学博士学位论文，2016.

四、外文著作与译著类

[1] PRITCHARD E H. Anglo-Chinese Relations during the Seventeenth and Eighteenth Centuries [M]. Urbana：The University of Illinois，1930.

[2] PRITCHARD E H. The Crucial Years of Early Anglo-Chinese Relations，1750—1800 [J]. American Journal of International Law，1937，31（4）.

[3] KEETON G W. The Development of Extraterritoriality in China [M]. Lodon：Lomans, Green And Co. , 1928.

[4] ABEND H. Treaty Ports [M]. New York：Doubleday, Doran & Company，1944.

[5] BERRY J W. Immigration, Acculturation and Adaptation [J]. Applied Psychology：An International Review, 1997, 46（1）.

[6] JAIME DO I. Macau：A Mais Antiga Colónia Europeia No Extremo-Oriente [M]. Macau：Escola Tipográjica do Orfanato，1929.

[7] SAMPAIO M D C. Os Chins de Macau [M]. Hong Kong：Typographia de Noronha e Filhos，1867.

[8] MALEY W. Quite and Secret Diplomacy [M] //CONSTANTINOU C M, KERR P, SHARP P. The SAGE Handbook of Diplomacy. London：

SAGE Publication Ltd，2016.

　　［9］TSENG Y H. The Termination of Unequal Treaties in International Law：Studies in Comparative Jurisprudence and Conventional Law of Nations ［M］. Shanghai：Commercial Press，1933.

　　［10］CROZIER M. The Bureaucratic Phenomenon ［M］. Chicago：University of Chicago press，1964.

　　［11］伊夫·居荣. 法国商法：第 1 卷 ［M］. 罗结珍，等，译. 北京：法律出版社，2004.

　　［12］爱德华·霍尔. 无声的语言 ［M］. 何道宽，译. 北京：北京大学出版社，2010.

　　［13］布热津斯基. 大失败：20 世纪共产主义的兴亡 ［M］. 军事科学院外国军事研究部，译. 北京：军事科学出版社，1989.

　　［14］费正清. 美国与中国 ［M］. 张理京，译. 北京：商务印书馆，1985.

　　［15］郝延平.19 世纪的中国买办：东西间桥梁 ［M］. 李荣昌等，译. 上海：上海社会科学院出版社，1988.

　　［16］亨廷顿. 文明的冲突与世界秩序的重建 ［M］. 周琪，等，译. 北京：新华出版社，1998.

　　［17］黄宗智. 民事审判与民间调解：清代的表达与实践 ［M］. 北京：中国社会科学出版社，1998.

　　［18］吉伯特·罗兹曼. 中国的现代化 ［M］. 陶骅，等，译. 南京：江苏人民出版社，1995.

　　［19］凯尔森. 国际法原理 ［M］. 王铁崖，译. 北京：华夏出版社，1989.

　　［20］露思·本尼迪克特. 文化模式 ［M］. 王炜，等，译. 杭州：浙江人民出版社，1987.

[21] 威罗贝. 外人在华特权和利益 [M]. 王绍坊, 译. 北京: 生活·读书·新知三联书店, 1957.

[22] 约瑟夫·奈. 软力量: 世界政坛成功之道 [M]. 吴晓辉, 等, 译. 北京: 东方出版社, 2008.

[23] 潘日明. 殊途同归: 澳门的文化交融 [M]. 苏勤, 译. 澳门: 澳门文化司署, 1992.

[24] 施白蒂. 澳门编年史: 20世纪 [M]. 金国平, 译. 澳门: 澳门基金会, 1999.

[25] 施白蒂. 澳门编年史: 十九世纪 [M]. 姚京明, 译. 广州: 广东教育出版社, 1998.

[26] 徐萨斯. 历史上的澳门 [M]. 黄鸿钊, 等, 译. 澳门: 澳门基金会, 2000.

[27] 叶士朋. 澳门法制史概论 [M]. 周艳平, 等, 译. 澳门: 澳门基金会, 1996.

[28] 滋贺秀三, 等. 明清时期的民事审判与民间契约 [M]. 王亚新, 等, 译. 北京: 法律出版社, 1998.

[29] 龙思泰. 早期澳门史 [M]. 吴义雄, 等, 译. 北京: 东方出版社, 1997.

[30] 卢卡奇. 历史与阶级意识 [M]. 王伟光, 等, 译. 北京: 华夏出版社, 1989.

[31] 赫德. 这些从秦国来: 中国问题论集 [M]. 叶凤美, 译. 天津: 天津古籍出版社, 2005.

[32] 汤因比. 历史研究 [M]. 曹未风, 等, 译. 上海: 上海人民出版社, 1959.

[33] 汤因比. 文明经受着考验 [M]. 沈辉, 等, 译. 杭州: 浙江人民出版社, 1988.

［34］谢和耐. 中国与基督教：中西文化的首次撞击［M］. 耿昇，译. 上海：上海古籍出版社，2003.

［35］孔飞力. 叫魂：1768 年中国妖术大恐慌［M］. 陈兼，等，译. 上海：三联书店，1999.

致　谢

　　拙书在本人博士毕业论文基础上修订完成，虽历经多次修改，但书中难免会有一些错误存在。在此恳请各位专家与读者批评、指正。

　　年岁悠悠，时光悄流，欲说年年岁岁人不同。当年提笔困惑的百种千重，如今不再纸上谈来终觉浅。回目本书的成形，怀揣一颗感念的心恐怕无不及千语万言。

　　真诚感谢澳门科技大学社会和文化研究所所长林广志教授。是老师将吾人招至帐下，我才有机会能够接受到历史学学术训练。心存目识，感沐鸿恩。

　　诚挚感谢澳门科技大学社会和文化研究所副所长赵殿红先生。本书从选题、写作到修改等诸方面，无不是家师心血的体现。常言讲，名师指点胜过读书万卷。感恩学路上有先生相伴，为我拨云睹日，守得明月云开。心存恩情，报以桃李。

　　衷心感谢澳门理工大学"一国两制"研究中心何志辉先生。人生贵人难遇，何老师便是我一生的贵人。多年来，何老师对我的学业倍加关心，为本书的修改提出了宝贵意见。心存感激，没齿难忘。

　　感谢供职于澳门科技大学社会和文化研究所的全体任课教师与行政教师。其中，特别感谢钱乘旦、柏桦、张先清、马建春等教授，是你们让学生有机会去聆听名师课堂，领略大师风采。此外，感谢于元元、叶丽钰、陈思敏等社文所行政教师的默默付出，因为有了你们，澳门科技大学社会和文化研究所的发展才会更加蒸蒸日上。

感谢我硕士生涯的两位老师，重庆师范大学马克思主义学院王桂林教授、学院办公室王开莉主任，你们是除澳科大三名恩师外，给我学业帮助最大的人，谢谢你们。

感谢李涵闻、赵龙、何宁宇、袁琴、叶龙、周琳、曾凡、闵晶晶等同门，是你们伴我度过了在澳门读博的那三年多难忘而又美好的时光。

感谢李丹、张霞、潘扬帆、胡鸿鹏、唐文、李敏、陈昌芬、邓万财、韩静、张勇、张晓庆、何晓庆、黄慧娟、张森鑫、张艳明、赵立楠、刘敏、叶绍兴、吴金华、栾淳钰、袁飞、刘进有、万成梅等兄弟姊妹，是你们的鼓励让我能逆光前行。

感谢重庆电子科技职业大学通识教育与国际学院沈雕院长、张华敏副院长、文化与美育教研室杨莉主任及赵宇、马率帅、黄春、黄悦、秦春蓉、舒雅琴、叶荣佳、宋超、罗路、刘亭亭、张琪、张顺飞等同仁予以我在学业、生活与感情方面的关心。

感谢《澳门法学》编辑部对《晚清澳门葡籍华商商事纠纷探究》一文几番修改提出的意见，因为该文是本书终稿逻辑框架的重要组成部分。同时，感谢你们为其获得澳门法学界认可并顺利发表所付出的辛苦。

最后，特别感谢我挚爱的父母，生育之恩、养育之情，我会好好报答。

勿忘心安，安之若素。拙书的即将付梓，意味着《晚清澳门葡籍华商商事纠纷之研究》这一选题创作的彻底完成。人生路漫漫其修远分，我将继续在专业领域不断探索，并永葆对教育事业之热忱，再攀高峰，斯谓我心之所向。